艺术体育
高校学术研究论著丛刊

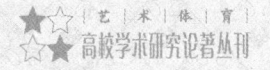

我国传统体育文化保护与多元传播路径探析

张四方 著

中国书籍出版社
China Book Press

图书在版编目 (CIP) 数据

我国传统体育文化保护与多元传播路径探析 / 张四方著 . -- 北京：中国书籍出版社，2023.7
ISBN 978-7-5068-9519-4

Ⅰ . ①我… Ⅱ . ①张… Ⅲ . ①民族形式体育 – 体育文化 – 研究 – 中国　Ⅳ . ① G852.9

中国国家版本馆 CIP 数据核字（2023）第 142440 号

我国传统体育文化保护与多元传播路径探析

张四方 著

丛书策划	谭　鹏　武　斌
责任编辑	牛　超
责任印制	孙马飞　马　芝
封面设计	东方美迪
出版发行	中国书籍出版社
地　　址	北京市丰台区三路居路 97 号（邮编：100073）
电　　话	（010）52257143（总编室）　（010）52257140（发行部）
电子邮箱	eo@chinabp.com.cn
经　　销	全国新华书店
印　　厂	三河市德贤弘印务有限公司
开　　本	710 毫米 ×1000 毫米　1/16
字　　数	198 千字
印　　张	12.5
版　　次	2024 年 1 月第 1 版
印　　次	2024 年 1 月第 1 次印刷
书　　号	ISBN 978-7-5068-9519-4
定　　价	76.00 元

版权所有　翻印必究

目 录

第一章 绪 论 …………………………………………………… 1
 第一节 选题依据及意义 ………………………………… 2
 第二节 研究综述 ………………………………………… 5
 第三节 研究内容与方法 ………………………………… 17
第二章 我国传统体育文化的内涵与发展态势分析 …………… 20
 第一节 传统体育文化的内涵 …………………………… 20
 第二节 我国传统体育文化的本源与变迁 ……………… 24
 第三节 我国传统体育文化传承现状分析 ……………… 30
 第四节 我国传统体育文化保护现状分析 ……………… 37
 第五节 我国传统体育文化传播现状分析 ……………… 40
 第六节 我国传统体育文化的未来发展构想 …………… 43
第三章 非遗保护视角下我国传统体育文化的开发与保护 …… 47
 第一节 非物质文化遗产与传统体育非物质文化遗产解析 … 47
 第二节 非遗保护视角下传统体育文化资源的
    开发理念与模式 ………………………………… 55
 第三节 非遗保护视角下传统体育文化的保护原则与方式 … 66
 第四节 传统体育非物质文化遗产传承人的保护 ……… 72
 第五节 传统体育非物质文化遗产的数字化保护 ……… 79
第四章 我国传统体育文化的传播理论与保障 ………………… 84
 第一节 体育传播学与文化传播学理论 ………………… 84
 第二节 传统体育文化传播的效果理论 ………………… 88
 第三节 传统体育文化传播的模式构建 ………………… 93

· 1 ·

第四节　传统体育文化传播的制度保障…………………… 99
　　第五节　传统体育文化传播的人才保障…………………… 105

第五章　我国传统体育文化的多元传播路径……………………… 114
　　第一节　我国传统体育文化的学校教育传播路径………… 114
　　第二节　我国传统体育文化的产业化传播路径…………… 119
　　第三节　我国传统体育文化传播的心理路径……………… 127

第六章　新视角下我国传统体育文化的有效传播………………… 138
　　第一节　新媒体视角下我国传统体育文化的传播………… 138
　　第二节　全球化视角下我国传统体育文化的传播………… 146

第七章　我国优秀传统体育文化传播与发展研究………………… 159
　　第一节　传统武术文化的传播与发展……………………… 159
　　第二节　太极拳文化的传播与发展………………………… 170
　　第三节　舞龙、舞狮文化的传播与发展…………………… 178
　　第四节　健身气功文化的传播与发展……………………… 184

参考文献……………………………………………………………… 190

第一章 绪 论

我国的传统体育文化是中华文明的结晶,是中华民族传统文化的重要组成部分,在当代体现着重要的文化价值与多元功能。随着全球化的不断推进,世界文明出现越来越融合的趋势,在这样的背景下,我国在努力实现世界强国地位的同时,应加强对传统文化的发扬、传承和传播。

实际上,在改革开放之后,中国大开国门,在西方经济发达国家来中国发展经济的同时,也在悄无声息地大搞文化输出,不得不承认,在这一过程中,对我国的传统文化产生了不小的冲击。不少年轻人对西方文化有着强烈的好奇心,但是对自己国家的传统文化却知之甚少,甚至有些传统体育项目完全消失不见,被人们遗忘。尽管国家一直都非常重视对中华传统文化、传统体育的保护,有的传统体育项目还被列为国家级或地方级非物质文化遗产,但是对传统文化的保护工作任重道远。这需要全国上下齐心协力共同努力,才能真正实现振兴中华、实现强国建设。

面对当前的形势,我们必须从非遗保护的角度出发,深入分析我国传统体育文化传承与发展的困境,从保护、开发等角度切入以帮助传统体育文化走出困境,呼吁全民共同保护和主动传承传统体育文化,使我国传统体育文化实现可持续发展,同时,通过探索传统体育文化的多元传播路径,努力让中华文明在世界范围内得到广泛的传播。

本书立足于非遗保护视角而探讨传统体育文化的传承与发展,从现状出发,经过严谨的分析与推理,提出科学有效的传承、保护、开发、发展与传播的路径,对扭转我国传统体育文化的发展局面具有重要意义。

第一节　选题依据及意义

一、选题依据

全球化时代,西方国家借助其绝对的经济优势,在向各国拓展市场的同时,也将他们的文化带到世界各国。而中国作为近几十年来发展最快的国家,我国的经济发展、社会建设都取得了飞跃式的进步。在这一过程中,不可避免地也明显受到各国文化的影响,强势的西方文明从经济、文化、生活方式等诸多层面一起涌入我国。一方面,这对我国的现代化建设起到积极的促进作用,但另一方面,这股强势的外来文化,也深深地挤压了我国传统文化空间,导致大量优秀的传统文化从人们的视野中消失。

面向21世纪的未来,我们既要追求文化发展的多元化,提倡理解与包容文化差异,提高文化认同感,加强与世界各国多方面的交流与合作。但与此同时,也要重视对本民族传统文化的保护、传承与发扬,尤其要重点保护传统文化非物质文化遗产,非遗保护在世界各国都受到极大重视。随着全球对非物质文化遗产及其保护的关注度提升,国内外学术界的许多学者也将此作为一个热点而进行多角度、全方位的大量且深入的研究,研究成果不断涌现,其中不乏一些价值很高的成果。关于非物质文化遗产的研究热潮将继续存在,并越来越高涨。国内外学者对非物质文化遗产的研究主要集中在几个方面,分别是非物质文化遗产的概念与分类的研究、非物质文化遗产保护与传承的研究、非物质文化遗产开发利用的研究、非物质文化遗产相关法律、政策及传承人的研究等。在研究过程中运用了多学科的理论知识,如人类学、民族学、民俗学、社会学等,采用了多种研究方法,如实地考察、文献资料、个案分析、访谈等,最终呈现出大量的研究成果,促进了非物质文化遗产理论体系的完善,并为国家及各地的非遗保护与传承提供了科学指导。

我国是多民族国家,发展历史悠久,在漫长的历史中人类创造了丰富而灿烂的优秀传统文化,文化传承的历史已有五千年,其中民族传统

第一章 绪 论

体育文化作为传统文化的重要组成部分而传承至今,彰显出顽强的生命力。

当前,在习近平总书记提出的"一带一路"发展战略指导下,我国应将经济发展、文化传播有机结合、同步进行。中华民族传统体育文化有着深厚的文明积淀,属于世界文化的宝贵遗产,我们有责任将它进行有效的发扬与传播。从而让丰富灿烂的中华民族传统体育文化散发出无限魅力。

我国拥有众多非遗类传统体育项目,这些项目承载着优秀的民族传统文化,凝聚着中华民族几千年的智慧、坚毅的精神和对真善美不懈追求的决心,是我们的民族骄傲。因此,我们怀着饱满的热情和充分的信心,要将这些宝贵的体育文化遗产进行保护、发扬和传承,并且在新时代的背景下,融入时代的特色,采用信息化、数字化以及多媒体等崭新形式与手段,让传统体育文化在新技术的支持下,得到更加全面的保护、得到多渠道的传播。

与此同时,我们不得不面对的现实情况是,尽管当前的"非遗热"搞得十分火热,各地都积极踊跃地申报非物质文化遗产,竞相将原先被冷落的传统技艺、绝活进行整理和呈现,并且努力开发传统体育的经济潜力,以非遗为元素的商业活动不胜枚举。但遗憾的是,这是一种投机的热情,缺少了对民族传统体育非物质文化遗产的敬畏之心,更多的是借"非遗"的东风,行各自的利益之便。因此,我们有必要纠正一些不良的行为和做法,端正对传统体育非物质文化遗产的保护与传承的初心,努力将民族传统体育的文化内涵、精神与智慧发扬光大。民族的就是世界的,中国作为一个古老的东方文明代表,在世界文化舞台上占有举足轻重的地位。特别是本世纪以来,我国在经济、科技、社会、教育等多个领域都取得了令世人瞩目的成就。这更加促进了西方各民族对神秘东方文化的向往,尤其是中国传统体育中的武术、太极,以及舞龙、舞狮等凝结着民族情感和民族文化的体育活动,引起了各国人民的强烈好奇心。在这样的文化背景和时代机遇来临时期,我们应该加强对民族传统体育非物质文化遗产的保护、传承与传播,借助当前最先进的媒体技术,增强这些宝贵的体育文化遗产的影响力,并有效地保护人类创造的优秀文化成果,使民族传统体育文化的影响力不断扩大,继续发挥其重要价值,以其独有的文化内涵和精神财富而"孕育"一代又一代的中华儿女,这个问题引发了学者、非遗保护者及有关部门的思考。

二、选题意义

(一)理论意义

无论是在形式方面,还是精神文化方面,我国的传统体育文化都有着深厚的价值积淀,是非物质文化遗产中的重要组成部分。比如太极拳、太极剑、五禽戏、八段锦、健身气功等健身强体的运动项目,还有像舞龙、舞狮、高跷等。这些都是人类文明中的瑰宝,应该世世代代地传承下去,并且借助新时代先进的科技手段和发达的媒体力量,进行广泛的传播。实际上,我们具有多方面的优势,可体现在以下几个方面。

(1)在信息时代和移动互联网极度发达的社会背景下,信息的传播可谓一日千里,甚至在理论上,只需一秒钟就能从世界的任何一个角落传播到世界各地。因此,这对我国传统体育文化的传播带来极大的优势。

(2)进入互联网时代以来,我国已经遥遥领先于世界很多国家,这为我们赢得了媒体技术和传播技术的先机。当今的中国社会有上10亿智能手机的用户,智能手机的普及,使信息传播、视频拍摄、线上教学等多个领域都取得了快速的发展。例如,在过去,如果一个普通人想拜名师学武术,几乎是痴人说梦,根本无法实现。而在当今社会,有无数的名家大师都创建了自己的网络课堂,并借助短视频平台的宣传和推广,可以随时向世人传播和传授传统体育的技艺。

(3)先进的数字技术不仅为传统体育文化的传播创造了前所未有的便利条件,而且,拓宽了多元化的传播途径。这对我国传统文化的传播非常有利。

总之,我们应充分认识到传统体育文化的价值,并抓住时代的机遇,借助我国经济高度发展的绝佳优势条件,策马扬鞭,努力将曾经辉煌的中华文明,尤其是传统体育文化以及非遗类传统体育项目进行传承与保护,让民族的成为世界的,进而令中华文明之光闪耀世界舞台。因此,从非遗保护视角对民族传统体育文化的传承、保护及发展进行研究,对推动传统体育文化的持续发展具有重要意义。

（二）现实意义

在文化全球化的当下，世界各国文化、各民族文化相互交流、互动、吸收与借鉴，呈现出文化一体化与深度融合的趋势。但同时不可避免地导致一些国家或民族的文化在文化交融中占据主导地位，而一些文化则处于被动和劣势地位。我国一些传统体育项目就受此影响而陷入生存困境，再加上传承乏力，缺乏保护，则可能出现流失的后果。借鉴非遗传承与发展的成功经验，对中华民族传统体育文化的传承保护、开发利用有借鉴价值，对保持传统体育非物质文化遗产的独特性、传承传统体育文化及推动传统体育文化的健康发展具有重要的现实意义。

第二节 研究综述

一、国外研究综述

（一）非物质文化遗产研究

关于非物质文化遗产的研究，国外走在前面，追溯源头，国外从一百余年前就有了这方面的研究。但国内外学术界真正迎来非遗研究热潮的时间是相近的，基本都是在2003年之后，主要原因是这一年10月在联合国教科文组织第32届大会上通过了旨在保护非物质文化遗产（主要代表有传统、节庆礼仪、口头表述、舞蹈、音乐、手工技能等）的重要文件——《保护非物质文化遗产公约》，其正式生效是在2006年4月，生效后学术界在这方面的研究如火如荼。

下面主要分析国外对非物质文化遗产概念及保护的相关研究。

1. 关于非遗概念的研究

通过对国外学者关于非物质文化遗产概念界定的大量研究发现,具有代表性的成果主要体现在以下几方面。

在全球颁布的一些宪章中,有关于遗产的定义和范围,Yahaya Ahmad 对这些重点进行了介绍,并从各国的经验基础出发而对有形遗产、无形遗产的概念、范围作了介绍,然后结合有形遗产和无形遗产,对非物质文化遗产的定义及其演变进行挖掘与探讨。

Tom G. Svensson 在研究物质文化的过程中,对知识与器物之间的联系作了深入分析,提出有形遗产和非物质文化遗产都是知识体系的重要组成部分,然后将非遗的概念提了出来。

Rex Nettleford 对非遗概念的变迁作了分析,并提出在非遗概念的演变及非遗的传播中存在的一些主要问题。

Hyung yu Park 指出,非遗是民族共同的财产,是该民族人民的有形记忆。非遗是既中立又安全的一个领域,它可以对国家政治冲突与争论予以调节。

Miguel Vidal González 对非遗的起源、历史演进及结构要素进行了研究,指出非遗概念的提出与变迁是人类文明进步的象征,非遗从起源到发展至今,已然成为历史发展中的胜利者。

2. 关于非遗保护的研究

下面简单分析日本、韩国、美国和英国四个国家对非物质文化遗产保护的相关研究。

在非物质文化遗产传承与保护研究方面,日本研究的时间非常早。早在 20 世纪 50 年代初,在日本政府颁布的《文化遗产保护法》中将"无形财产"的概念提了出来,并第一次提出对非遗传承人进行法律保护。这项法律生效后,日本的"人间国宝计划"正式实施,政府着手选拔非遗传承人,并给予极大的经济支持,用丰厚的待遇来吸引传承人,并为传承人顺利开展工作提供资金保障,从而有效提升了非遗传承与保护效果。[①]

[①] 侍倩倩.江苏省体育"非遗"保护与传承研究[D].南京体育学院,2019.

韩国也很重视保护非物质文化遗产,但不是单纯地保护非物质文化遗产,而是将其与其他产业结合起来,充分发挥非遗本身的当代价值,从而在融合发展中对其进行保护。在保护工作中,政府大力宣传非遗相关知识,吸引产业合作,在非遗和商业之间建立联系的纽带与合作的平台,发挥非遗的经济价值,并促进国家经济发展。此外,非遗本身的观赏价值为其与旅游产业的结合提供了良好条件,对非遗特色旅游产品进行开发与营销,吸引消费群体,可以很好地促进非遗的传承与发展。

美国对非遗理论建构的研究时间较早,经过多年的研究并成立了一些重要的组织机构,如国家艺术赞助基金会、美国民俗中心、史密森尼民俗和文化遗产中心等。美国在非遗保护方面充分发挥了高校的作用,高校引进非遗项目,开设相关课程,以更好地传承与保护非遗。美国加州伯克利大学的高级研究员 Alexis Celeste Bunten 论述了非遗的保护方式,分析了究竟应该分享非物质文化遗产还是将其放到商业领域去营销。

英国在非物质文化遗产传承与保护方面所采取的方式和美国相似,也是依托学校教育来传承,组织学生对非遗博物馆进行参观,拉近学生与非遗的距离,使其对非遗的内涵有深入理解,从而激发其传承和保护的意识与积极性。英国高校也引进非遗项目,开设相关课程,对传承人进行培养,使非遗的保护与传承进入良性循环模式。

(二)民族传统体育文化传承与保护研究

1. 规范化与传统体育文化保护的研究

韩国和日本在关于传统体育文化传承与保护的研究中,比较注重规范化传承,尤其是重要项目的规范化。如韩国学者 Kim, Kyung-Hoi 研究指出,随着社会的发展与进步,传统体育可能出现一些不适,随着这种不适的积累,传统体育到一定时期会与社会发生冲突与矛盾,而要成功传承传统体育文化,就必须从社会需求出发而调适和规范传统体育,减少不适,消除矛盾与冲突。

Kim, Kyung-Hoi 以韩国典型的传统体育项目"Saja-Chum"为例,论述了规范化对传统体育传承与保护的重要影响，指出韩国主要是得益于控制机制的引导而使"Saja-Chum"成功传承，其中包括政府出面将"Saja-Chum"规范为一种庆典。而控制机制的有效运行又得益于可以自发调节的控制规范，这就使"Saja-Chum"运动成功度过那个对韩国民众来说不景气的时代或转型时期。

日本学者 SANADA, Hisashi 指出，日本"Soma-Nomaoi"（Wild-horse Chasing）的成功传承得益于规范化的控制手段，在保留"Soma-Nomaoi"传统文化因素的基础上，寻找其与新时期社会发展的结合点。

2. 现代化与民族传统体育文化传承的研究

我们可以借鉴国外在对民族文化与传统体育项目传承与保护工作中的成功经验。特别是经济发达国家，他们在这方面摸索出一些方式与方法。

总体而言，在对传统体育的保护与传承方面，国外起步较早，而且工作也进行得十分细致。比如，他们往往以一些非常细小的事件或社会现象为研究对象，不放过任何一个可以研究的机会。然后在这样的探索过程中，找到了更大的价值，以及总结出事物的发展规律。这种以小见大的方法对我国的相关学者是一个很好的提醒。我们国家的学术研究相对而言，比较重视宏大视角，更重视抽象的理论研究。在选材时表现出方法和手段的颗粒度比较大，在很多方面都比较大而化之。而西方学者则正好相反，他们选择的研究角度更具体，比如德国学者 LAMARTIN 教授，他采用数理统计和问卷调查的方式调查世界各地的民族传统体育游戏，然后分析了目前传统体育游戏的发展状况、发展水平，制作了体育全球化进程中传统体育游戏的发展趋势图。另外还有下列一些具有代表性的研究。

（1）Anan Bird and Miehael J.Stevens 的 "Toward an emergent global culture and the effects of globalization on obsolescing national cultures"。

（2）Brian Stoddart 的 "Orientalism, Golf and the Modern Age: Joe KirkWood in Asia"。

（3）Lily Kong 的 "Globalisation and Singaporean transmigration: re-imagining and negotiating national identity"。

（4）Melvin L.Adelman 的 Premature Modernization and the Failure of Cricket in Ainerica: The New York Experience 等。

上面这些研究都是从个案出发进行的实证研究,运用田野工作法或抽样调查法从不同角度阐述文化全球化对民族文化的影响,指出各民族应从自身需要出发,在适应文化全球化发展的基础上,争取使本民族文化适应新时代需要。[①]

总之,由于国外在非物质文化遗产方面的研究要领先于我国,他们的研究进行的时间更长,研究经验也更丰富,并且在研究成果方面也表现得更加深入,具有丰富的层次,这些都是我们可以借鉴的。比如邻国日本,他们对自身的传统文化非常重视,比如茶道、围棋、弓道等传统文化,都是受到古代中国文化的影响发展而来的。但是,他们的保护工作远远超出我国。由于地缘优势以及中日文化上的相通性,我们可以很方便地向日本学习有关经验。比如日本对弓道、相扑文化的传承与保护,是非常成功的。我国应立足国情,学习他们的成功经验,从而推动我国非遗类传统体育的传承与发展。

二、国内研究综述

（一）非物质文化遗产研究

1. 非遗概念的研究

刘壮在《非物质文化遗产概念的比较与解读》中指出非物质文化遗产是一个外来概念,我国在研究中需要在很多方面进行语境对接。关于"非物质文化遗产"概念的来源,在很多文献中都能发现,向云驹利用相关资料,细数了从民间文学、民间创作、民间文化到非物质文化遗产概念的多次改进。吕建昌在《非物质文化遗产概念的国际认同》中指出,非物质文化遗产概念是文化遗产概念向非物质层面的扩展。他从社会背景出发进行分析,指出非遗概念的出现与全球关注传统文化有关。全球关注非物质文化遗产催生了"宣布人类口头和非物质遗产"项目的诞

---

① 郑国华．社会转型与我国民族传统体育文化传承[D]．北京：北京体育大学,2007．

生,该项目广泛传播非物质文化遗产的概念。[①]

2. 非遗保护的研究

我国拥有丰富的非物质文化遗产,但是对非遗的保护工作却存在着许多不足,对此,我国学者也进行了研究,并提出一些建议与策略。

何星亮对全球化背景下非遗保护措施进行了研究,提出应大力宣传非遗相关知识,培养与提高社会大众自觉保护非遗的意识;在非遗保护中要制订好规划,有序保护;政府出台相关法律和政策,加大法律保护力度;成立专门的保护机构,由专业人员负责相关事宜,提高保护的专业性和保护效率;社会与政府共同致力于对非遗的保护,并以政府为主导,社会各界积极参与和主动配合。

刘满佳研究提出,通过制订评审标准并经过科学认定,建立国家级和省、市、县级非遗代表作名录体系,制订长远规划,分步实施,不能急于求成,以保证名录体系的科学性、系统性、规范性、权威性,同时要注意申报国家级非遗的整体性。

翁敏华强调高校在非遗研究和保护方面有义不容辞的责任,应在高校开展非遗教育,加强对非遗的科学研究,培养优秀的专业人才,并尽快投入对濒危项目的抢救工作,这是高校的光荣使命和历史重任。

普丽春指出,在民族非物质文化遗产的传承中,要充分利用教育传承的方式,教育传承也是民族非遗保护的最佳方式,以教育形式进行传承与保护是适应现代社会非物质文化遗产发展的新要求。

以上关于非遗保护的研究为我国科学有效地开展非遗保护工作提供了可行的指导与建议。

(二)体育非物质文化遗产研究

1. 体育非遗概念的研究

2006年,我国首次公布了国家级非物质文化遗产名录,其中包括体

[①] 米永忠.非物质文化遗产视野下民族传统体育文化研究[D].重庆:西南大学,2009.

育类非遗项目,这是我国非遗官方文件中首次出现体育类非遗项目,这推动了学者对体育非遗的研究。关于体育非遗概念的研究,代表性成果如下。

图 1-1 体育非物质文化遗产具有重要的文化价值

李凤梅、黄聪从逻辑角度,根据体育与非遗的内涵来分析体育非遗的概念,黄聪提出将中国文化的元素加在中国体育非遗的概念上,以突出其独特的文化特色。

白晋湘指出,体育非遗是以运动项目为主体、以身体活动为载体的一种"活态文化"。

2. 体育非遗价值的研究

体育非遗是非遗的重要组成部分之一,体育非遗的运动属性是独特的,人们参与体育运动,并逐渐认识与接受体育非遗的运动属性,体会体育非遗的价值。关于体育非遗价值的研究,代表性观点如下:

董鹏指出,体育非遗项目不但可以进入奥运会,传播奥林匹克文化,还具有重要的健身价值、社会价值(自我发展、增进民族团结)、传承价值。

杨志强等人对体育非遗资源与体育旅游产业之间的关系进行分析与研究,对体育非遗资源的独特性和经济价值进行挖掘,并寻求体育非遗与旅游相结合的新型体育旅游发展模式,实现体育非遗与旅游的协同发展,促进经济增长。

李成银指出,武术非物质文化遗产在推动民族文化包容与认同、维护民族团结与安定,以及提升社会凝聚力等方面发挥着举足轻重的作用。

总的来说,我国关于体育非遗研究的成果越来越多,研究水平也不断提升,总体上呈现出良好趋势。但学者对体育非遗价值的研究还不够系统,完整的理论研究体系尚未形成,主要存在以下问题。

(1)整体而言,我国对体育非遗概念的研究还停留在片面的、点状的形态,未形成系统的科学结论。

(2)研究的深度和广度都不够,仅仅局限于非遗本身,未能拓展开来,从更深的层次挖掘体育非遗的价值,从而为传承和保护提供崭新的思路。

3. 体育非遗保护的研究

魏婷等用"点轴系统"理论梳理体育非遗,然后综合考虑项目数量、空间布局、开发难易度等因素,提出了独具特色的体育非遗旅游开发模式。

张现成指出,保护体育非遗应以政府为主导,与院校相结合,通过院校有效传承体育非遗。[①]

关于非遗保护还有如下一些建议。

(1)合理开发与设计体育非遗旅游项目,是对非遗保护方式的一种体现。

(2)开发体育非遗旅游项目必须保持非物质文化的原真性,避免盲目开发。

(3)培养专业人才队伍。

4. 体育非遗传承的研究

我国学者对体育非遗传承的研究主要集中在传承人、传承谱系、传承内容等方面。

---

① 刘洋.体育非物质文化遗产保护的路径研究[M].北京:北京体育大学出版社,2015.

李军阳研究甘肃省体育非遗传承,指出独特的地理位置、悠久的文化历史等因素,使甘肃省体育非遗形成了多样性、复杂性特征。由于外来文化的冲击和传统传承方式的限制,导致体育非遗保护工作开展较为滞后。

王书彦等从制度出发,指出体育非遗传承人在认定上存在问题,传承人的评审标准模糊,这是制约体育非遗传承的重要因素。[①]

总之,我国学者和研究传统体育的专家,对我国传统体育以及非遗类传统体育的研究做出了重要的贡献。尤其是对过往的海量资料进行了整理和收集,并在此基础上给出客观可靠的研究观点,这些都是本书研究工作的重要资源。这些研究成果对今后的传统体育文化的保护与传播具有重要指导作用,同时也对今后工作提出一些中肯的建议,以及对未来发展的展望。

(三)传统体育文化传承、保护与发展研究

随着联合国教科文组织掀起的非遗保护运动普及与发展,民族民间传统体育文化的研究引起学者越来越多关注。此外,我国正处于社会转型时期,传统体育文化在价值领域、文化领域等出现了一些社会问题,这也引起了我国一些体育学者的关注。他们从实证研究出发,提出我国传统体育在特定环境下应该如何行动、思考、体验,他们从传统体育的规范化角度出发,来探究我国传统体育文化传承与发展的相关问题。其中熊晓正的研究极具代表性。他指出,在我国社会转型过程中,传统体育赖以生存的基础逐渐消失,我们必须改变"往回看"的思维习惯才能推动传统体育发展,必须改革传统发展模式才能使传统体育真正呈现出中国特色,我们不能一味地以"同化"的心态将传统体育活动融入现代体育中。熊晓正教授提出了"以科学化求生存,以社会化求发展,以民族化跻身于世界体育之林"的发展战略。在文化全球化浪潮下,熊晓正教授提出了民族传统体育新的发展观,即"时代性与民族性相统一,国际体育民族化与民族传统体育国际化相统一"。[②]

[①] 米永忠.非物质文化遗产视野下民族传统体育文化研究[D].重庆:西南大学,2009.
[②] 郑国华.社会转型与我国民族传统体育文化传承[D].北京:北京体育大学,2007.

除了从规范化角度研究传统体育文化的传承与发展外,还有很多研究角度,下面列举一些具有代表性的研究成果。

倪依克等人研究指出,传统体育作为宝贵的人类文化遗产,具有活态性、群体性、民俗性以及地域性等鲜明的特征,它既包含与身体运动密切相关的内容,如比赛规则、比赛程序、运动器材、运动服装等,也包括反映传统文化特色的各民族历史文化、社会生活、风俗习惯等,保护与传承传统体育文化,应保留其本身的生态性、真实性以及多元性。

张志新等人从非遗相关概念与分类出发而初步划分了新疆少数民族体育非遗的类型,大体分为传统体育类、杂技类和游戏类三种,研究中指出新疆民族传统体育面临着严峻的生存困境,并从现实情况出发提出了走出困境的方法和建议,如对濒危传统体育项目申请非物质文化遗产,保护其生存空间,保护传承人,建立原生态保护区,完善保护机制,培养优秀的传承人,建设高素质的传承人团队,并合理开发与利用传统体育文化资源,将开发利用与保护传承的关系处理好,建立良性互动机制。

赵晓玲等人对西部民族传统体育文化的保护及其与旅游业的融合发展进行研究,对西部民族传统体育文化的独特性进行了分析,从其独特性着手而挖掘旅游价值,分析其与旅游业融合发展的优势与可行性,证实开发民族传统体育旅游产业能够带来可观的经济效益,但也指出了产业化发展对民族传统体育文化本身造成的不良影响,提出在发展民族传统体育旅游的同时,要有意识地保护与传承民族传统体育文化,保留文化的民族性、独特性与多样性,走可持续产业化发展之路。

陈青从全球化背景出发,对中华民族传统体育的传承和保护展开研究,指出全球化给中华民族传统体育的发展既带来了机遇,又造成了冲击和威胁,提出应该从文化全球化的多样性出发而保护民族传统体育文化的生存空间,拓展其发展空间,抓住全球化带来的机遇,积极应对全球化的挑战,注重从具体环节着手传承与保护民族传统体育。

李俊怡等人从社会环境变迁的角度出发而研究传统体育文化的保护和发展,指出社会环境变迁冲击着传统体育文化的发展,生活环境的巨大改变严重影响了传统体育文化的发展,西方竞技体育文化的涌入也在很大程度上影响了传统体育文化的生存与发展空间。但社会环境变迁是一把"双刃剑",在造成冲击的同时也给传统体育文化的发展带来了重要机遇。

第一章 绪 论

李玉文对湘西山寨民族传统体育项目的现状进行了分析,并提出了保护与发展的建议,指出山寨民族传统体育项目具有重要的教育价值、经济价值和社会价值,充分发挥这些价值,有助于促进民族经济振兴和民族素质的提升,有助于推动地区精神文明建设,还有利于对传统体育文化进行传承与保护。

王林等人从生态学视角对传统体育保护与发展进行研究,指出可持续发展理念的成熟及生态文化的发展,促进了文化生态环境的建设与优化,这为传统体育的发展营造了健康的环境,应充分发挥传统体育的当代价值,使传统体育走出发展困境,加大保护与传承力度,从文化自觉、文化自信着眼推动传统体育文化发展。

王龙飞等人从非遗视角对传统体育保护进行研究,总结了国内外在非遗保护方面积累的经验,并对现阶段我国传统体育保护的问题进行了分析,提出要借鉴非遗保护的成功经验而解决传统体育保护的问题,如加强法律保护,维护传统体育的原真性,对传承路径进行拓展,发挥教育传承与保护的作用,走产业化之路,等等。

王晓也从非遗视角出发而思考传统体育保护的若干问题,从非遗视角分析了保护传统体育的重要性,指出保护传统体育的精神内核是传统体育保护的中心,这是由非遗的非物质性决定的。传统体育在文化空间分层与布局方面也有自己的独特性,基于此,可以对传统体育保护的范围有所明确。在保护过程中要贯彻以人为本的原则,这符合非遗蕴含的人本观念。

张宏宇等人对我国传统体育的保护进行了研究,指出传统体育文化在现代化进程中面临的生存与发展困境,有从受冷落、被忽视走向衰亡的趋势,对此,应及时抢救,积极保护,这个工作迫在眉睫,刻不容缓,但这不是一朝一夕的事情,任重道远,需要全民积极参与。

牛爱军等人基于非遗视角而对传统体育的发展进行研究,提出要按要求分门别类地保护传统体育,将开发利用与保护传承的关系处理好,并从不同项目的实际情况出发而采取相应的传承与保护策略,要重视活态传承。[1]

---

[1] 刘坚.云南省传统体育非物质文化遗产保护与传承研究[D].北京:北京体育大学,2012.

（四）传统体育非物质文化遗产研究

1. 传承与保护研究

关于传统体育非物质文化遗产的研究，主要从宏观层、中观层和微观层三个层面来分析。

宏观层的传统体育就是以国家层面的传统体育为研究对象，以全局的、整体的传统体育为研究范畴，它强调整体性、概括性、包容性和全局性，代表性研究有《非物质文化遗产武术项目评审体系的建立》等；也有学者从城镇化角度着手研究，如《城镇化背景下我国民族体育产业发展路径研究》，分析我国民族体育产业的发展现状、价值、危机、路径，从宏观方向考虑传统体育非遗项目在城镇化背景下的发展状况。

中观层的体育类非遗是以族群、项目群、省市等区域为研究范畴，如《西北民族传统体育非物质文化遗产的传承与保护》，先简单阐述西北民族资源概况，梳理本地民族传统体育非遗分布类别，然后分析传承现状、保护状况、发展趋势，结合"一带一路"的新机遇提出保护和发展建议，如广泛收集、整理资料，建立数据库，创建体育文化品牌，加强法制建设等。

微观层的体育类非遗研究是细致入微地讨论和阐释项目，大多以个案为例进行研究，如《非物质文化遗产保护视域下的民俗体育"打鸡毛"研究》，对具体项目进行追踪溯源，细致刻画，并指出传承问题，提出传承与保护对策。微观层的研究虽然对具体项目研究很细致，较系统，但代表的是小群体，其提出的对策建议仅适用于某个项目或某个地区，不具有普适性，不适合大范围推广。[①]

2. 传承人研究

传承人是使非遗顺利延续的核心人物，是守护人类精神财富的使者，很多学者都对非遗传承人的重要性及现状进行了研究，具有代表性

[①] 尹利清. 非遗保护视角下山西传统体育发展现状及策略研究[D]. 太原：太原理工大学，2018.

的研究如下：

任娟提出由于西方竞技体育的同化,技艺传承人的断层问题严重。

刘云飞、吴大华等人指出传承人后继乏人的严重问题。

国伟、田维华认为非遗是依托人的口传身授而延续的,由于传承人数量减少,素质不高,导致部分传统体育项目消亡。

张贺认为部分传承人是通过各种关系获得认定的,并非真正的传承人,非遗传承人的问题非常严重。

吴大华、彭迪、宋智梁等都认为应做好传承人普查工作,严格规范对传承人的选拔机制,加大对传承人的培养力度。[①]

总之,在民族传统体育非遗传承中,传承人的重要性受到了学者的普遍认可,传承人的重要地位应该被政府重视,被社会认识到,同时传承人自己也要清楚自己的重要性,清楚自己的责任和使命。

第三节 研究内容与方法

一、研究内容

本书的研究内容主要是以对我国传统体育文化的保护、传承、发扬与传播的角度展开,其中还特别强调了非遗视角下对传统体育文化的保护与传承,以及在全球化视角下、新媒体视角下我国传统体育文化的传播进行了深入的分析,主要涉及的内容如下。

首先,全面地阐述了我国传统体育文化的现状,包括保护现状、传承现状、传播现状,从而为深入分析传统体育文化的内涵、价值与未来发展构想奠定基础。

其次,从非遗保护视角出发,对我国传统体育文化遗产进行了梳理,对非遗类传统体育文化的基本理论知识进行了探讨。进而拓展了非遗传统体育文化的数字化保护理论与方法。

再次,本书强调了对传统体育文化在当前的传播,并且从传播学理

---

① 尹利清.非遗保护视角下山西传统体育发展现状及策略研究[D].太原:太原理工大学,2018.

论和传播效果理论以及相关模式与制度进行系统了研究。从教育、产业等不同角度,对我国传统体育文化的传播路径进行了详尽的分析。

最后,选择了几种最具代表性的传统体育项目为案例,对它们的传播与发展展开分析,包括传统武术项目、太极拳项目、舞龙和舞狮项目、健身气功项目等。

二、研究方法

(一)文献资料法

本书首先依据文献资料法进行研究,搜集、整理、阅读和筛选了大量的文献资料,这些资料的来源主要为中国知网、中国学术文献网络出版总库、中国优秀硕(博)士学位论文数据库、中国期刊全文数据库以及利用网络图书等资源检索工具检索,对有关非物质文化遗产、我国传统体育文化等进行了全面的汇总,包括文献、论文和报告等资料,这些资料几乎涵盖了我国对非遗类传统体育文化,以及其他传统体育文化的所有研究成果,基本上奠定了本书的研究具有全面的、翔实的学术依据和分析前提。

(二)逻辑分析法

鉴于传统体育文化的复杂性和多元性,本着严谨的分析标准,本书运用了分析法、综合法、归纳法等传统的分析方法,对收集的海量资料进行深度的逻辑加工,根据本书的研究目的和分析思路,选择最贴切的资料,并沿着我国传统体育文化的发展路径,以及面临当前的时代机遇与挑战,应采取哪些对策等得出一定的研究结果。尤其是非遗保护视角下我国传统体育文化传承与发展的现状、困境,并进行逻辑思维分析,探索传统体育文化的传承与发展策略,以及传统体育非物质文化遗产的开发与保护路径。

（三）个案研究法

作为有效的补充，本书还选择了个案研究法来让研究更加立体和丰满。个案研究法是一种质性研究方法，通过深入具体情境，使研究更为鲜活、生动，能够使读者对我国传统体育文化形成感官的认识，从而拉近与传统体育文化的距离。本研究抽取传统体育中最具代表性的典型项目，比如太极拳、传统武术、舞龙、舞狮以及健身气功。这些项目从不同侧面反映着我国在传统体育文化保护与传承方面的现状、取得的成就，以及遇到的各种文化困境和现实困境，这对全面发展我国传统体育文化的保护和传播工作具有重要意义。

（四）访谈法

最后，本书还采取了访谈法，直接面对传统体育的第一线工作者，特别是一些传统体育文化的传承人，通过与他们的对话，以及有针对性的访谈，从而能够从一些独特的视角理解和掌握当前我国传统体育文化面临的问题，以及在保护、传播方面需要克服的障碍。总之，在确定了研究主题的基础上，设计访谈提纲、筛选访谈人选，通过走访非物质文化遗产保护中心、传统体育非物质文化遗产项目传承人、非物质文化遗产保护的专家及学者，针对本研究的相关问题对调查对象进行访谈，获取相关信息，收集重要资料，为本研究提供现实参考。

第二章 我国传统体育文化的内涵与发展态势分析

我国传统体育文化具有丰富的内涵，是中华民族几千年的智慧结晶，是我国重要的文化遗产，在对传统体育文化保护的过程中，一定要兼顾传承，要考虑到未来的发展。本章将从传统体育文化的内涵、我国传统体育文化的本源与变迁、我国传统体育文化传承现状分析、我国传统体育文化保护现状分析、我国传统体育文化传播现状分析，以及我国传统体育文化的未来发展构想几个方面展开分析。

第一节 传统体育文化的内涵

传统体育文化是传统体育的重要组成部分，决定着传统体育发生、发展以及传播的效果，在对传统文化的保护与发扬过程中，了解传统文化的内涵是开展工作的首要任务。

一、传统体育物质文化内涵

（一）时空条件

联合国教科文组织在强调非物质文化遗产保护时常常使用"文化空间"这个专有名词。从文化空间的自然属性来看，其指的是具有物理、地理空间并具有景观价值(宗教寺庙、文化广场等)的独立文化场所。从文化空间的文化属性来看,其表现形态主要有周期性的民族民间节日、文化交流场所、民间集贸市场及盛大的运动会。传统体育借助文化空间这个重要形式和载体得以保留。众所周知,民族的节庆文化是民族传统体育活动产生的重要根源之一。在传统民间节日期间,举办丰富的传统体育活动,人们聚集在一起参与一些文体活动。

场地、器材和时间是传统体育的重要时空条件,它们的变迁会影响传统体育项目的开展,但不会改变项目的属性。现在,民族传统体育影响的范围越来越广、越来越深远,各种体育运动项目都具有独特的且比较合理规范的场地设备和器材。需要注意的是,器材的变化和发展不是没有规律的,也不是无止境的,它受到项目内在规则、技战术发展的影响,以及社会经济、文化和科技发展的制约,器材的变化也是传统体育文化进化的表现。

(二)民族服饰

传统体育项目特有的民族服饰体现了民族传统体育文化的物质内蕴,这在少数民族的传统服饰中体现得更明显。少数民族服饰是民族的符号,例如,蒙古袍和蒙古靴是蒙古族人民的特有服饰,旗袍、高低花鞋是满族人民的特色服装等。这些独特的服装往往会给人们留下深刻印象,这成为人们识别不同民族的依据。民族传统体育表演的服饰强化了民族传统体育中的动态形象美,扩大了表演项目的表现力,充分彰显了民族文化的魅力。

(三)动作技术

动作技术作为人类技术的重要组成部分之一,是促进传统体育项目形成的基础。人类在多年的运动实践中经过不断总结才创造出一系列技术方法,可见动作技术并不是轻易形成的,也不是主观随意造成的。在创造动作技术时,必须分析人体运动的规律及科学原理,从而使人们通过完成动作技术而发挥自身的潜力,合理完成动作。运动形式的变化会导致运动属性的变化,这会弱化运动项目原有的文化特征。

二、传统体育制度文化内涵

（一）礼仪规范

在古代社会，"礼仪"是国家治理和文化传承的重要组成部分。社会礼仪不仅指导和规范着人们的日常生活交往，更是国家典章制度和道德教化的重要途径，也是传统文化的体现形式。不论是中国还是其他国家，可以说古往今来，礼仪在社会与文明发展中一直起到文化传承的重要作用。甚至在古代，礼仪还发挥着维护社会稳定、避免社会矛盾、促进各民族和谐共处的作用。

在中国的传统体育文化中，也孕育着深厚的文化礼仪。比如传统武术中，很多拳法、剑术、双节棍等项目中，都有着各自的武功礼仪。无论是形式上，还是精神上，这些礼仪都发挥着重要的作用，并已经成为这些武功的一部分，且与无数套路一起，构成中国传统武术的丰富内涵和多样形式，其中有很多都是中华文化精神内核和文化价值观的重要体现。

（二）制度规范

制度规范一般是指民族传统体育制度、竞赛规则、协会组织等相关内容。

1. 相关制度

在我国的传统体育文化中，制度文化显现出重要的作用，甚至是居于核心位置的一种存在。体育制度不仅规范着各种体育活动的组织方式，而且还体现着体育文化的意识形态，是我国传统体育精神的外在形式。在传统体育文化传承过程中发挥着不可替代的功能和价值。并且，传统体育的制度也会随着时代和社会的变迁而发生演变，与体育文化一起构建出我国传统体育文化的丰富图景。

2. 竞赛规则

随着传统体育项目越来越成熟,它的竞赛规则也逐步发展起来,并且反过来对传统体育的广泛传播又起到了推动作用。

由于竞赛规则与竞赛形式的出现,使原本只在一小众人群中流传的传统体育项目,被大面积传播和普及,得到越来越多人的喜爱。竞赛规则的完善,保证了传统体育项目和文化在传播过程中,从内涵多形式的完整性,并不会因为时间和空间的转变而使原来的传统体育项目变形,或遗失部分内容。随着竞赛规则的逐步规范化,也提高了传统体育项目的发展水平,促进了传统体育文化的海外传播。

3. 协会组织

当传统体育项目发展到一定的阶段,协会组织渐渐出现。由于传统体育的广泛传播,各种项目都得到了发展,彼此之间也会产生一定的借鉴、融合现象,出现了各种分支和流派。于是产生了不同流派之间关于谁是正宗嫡传的纷争,此时,协会组织的出现则起到了规范与组织的作用,他们对传统体育的发展起到重要的推动作用。

传统体育运动协会组织的职能与作用主要表现在以下几个方面。
（1）挖掘传统体育项目,进行科学鉴评。
（2）组织传统体育比赛,培养传统体育人才。
（3）组织参加国内外传统体育交流活动。
（4）开发体育文化产业资源,促进传统体育的传承与传播。

三、传统体育精神文化内涵

传统体育精神文化内涵主要体现在以下几方面。

（一）追求天人合一的至高境界

中国的传统文化追求中庸和阴阳和谐,其中"天人合一"是对这一哲学思想的最佳表达。在传统体育项目中,有许多种运动尽管其外在形式各有不同,但是在文化内涵的追求方面,却非常相似。它们都追求"心灵交通,以契合体道",比如太极拳、太极剑或健身气功等。

在"天人合一"哲学思想的指导下,中国的大多数传统体育项目在外在表现上,都给人以一种内柔外刚、刚柔并济的感觉,以及一种追求平衡、顺其自然的美学感受。这与西方竞技体育追求更高、更快、更强的竞技精神正好形成明显的对比。东方思想中"阴阳平衡""天人合一"的内核,是我国传统体育文化中重要的内在精神气质。

(二)"尚和合、求大同"的大局观

中国传统文化中还有一个重要的哲学思想,就是追求和谐融合,在尊重个体差异的前提下,追求一种"尚和合、求大同"的哲学大局观。中国的传统体育项目基本上都是以个人为基础的竞争活动形式,不同种类、不同流派之间,之所以能够共同发展并获得今天的繁荣景象,主要是因为受到这种追求和谐与大同精神思想的影响。这是中国儒家思想的重要内核,也是中国传统体育的内在精神内涵之一。

第二节 我国传统体育文化的本源与变迁

我国传统体育文化有着深厚的文化内涵和历史本源,在历史发展的各个时期,随着社会的发展和文明的演进而处于发展和变换中,其中的每一次转变都对今后的发展具有重要的决定作用,都是我国传统文化的重要组成部分。

一、我国传统体育文化的本源

(一)我国传统体育的文化原点

不同地区、民族的文化具有一定的差异性,这在很大程度上是受自

第二章　我国传统体育文化的内涵与发展态势分析

然环境因素影响的结果,基于对文化差异性的考虑,学界在关于人类文化起源的研究中,常常提到三个起源说,分别是农耕文化起源说、游牧文化起源说和商业文化起源说。我国因为地理环境的特殊性,决定了中华民族文化主要源于农耕文化。我国地形多样,气候宜人,雨量充沛,较为宜居。独特的自然环境是我国生产生活方式建立在农业文明基础上的主要原因。农耕文明是中华民族文化形成的重要基础,农耕文明的代表是渔樵耕读,人们精耕细作,自给自足,在长期的生产生活中形成了勤劳质朴、自强不息、节俭吃苦的文化精神,但也存在重农轻商、性格保守、胆小等问题。在这样独特的文化环境下,中华民族传统体育也形成了崇尚"天人合一""人与自然和谐统一"等独特的文化特征。我国从农业劳动中孕育的民族传统体育项目有很多,如苗族在采野果的劳动中创造了"走独木桥"项目,黎族在伐竹劳动中创造了"跳竹竿"项目。我国传统体育文化崇尚人与自然和谐统一,因此不提倡向大自然发起挑战,或征服与战胜自然,这个文化特征不同程度地体现在传统武术、赛龙舟、舞龙等诸多项目中。中国传统文化是中国武术起源与发展的重要理论基础,中国传统文化中的一些重要道德思想如谦虚谨慎、自强不息、天人合一,成为武术技击原理和修炼方法得以形成的重要文化来源。祭祀文化是赛龙舟、舞龙等传统体育项目的源头,开展这类项目有祈求风调雨顺之意。

中华民族文化体系具有内陆性,以儒学为基点,这是受我国传统的农耕经济形式的影响而形成的。中华民族受儒学影响而形成了独特的价值观,如以"仁"为核心,"中庸之道""三纲五常",这种价值观在人们的生活特征、处事特征以及行动特征中都能体现出来,分别表现为"不作过分要求"(人格上的君子)、"唯祖训是从"(思维上的中庸)、"安居中游"(行为上的礼仪之道),进而对民族传统体育文化产生了影响,如民族传统体育的思维方式与西方体育文化截然不同,表现为"重过程、轻竞技"。

(二)社会结构与传统体育文化

传统社会文化形态的主要特征是家国一体、家族本位,这是由我国的社会结构所决定的,而我国社会结构的形成又是以农业文明为基础的。在农业社会环境下,家庭既是生活单位,也是生产劳动单位。农业社会中的家庭不局限于狭义的一家一户,而是向"家族"的范围辐射与延伸,血缘关系是维系家族关系甚至是社会人际关系的重要纽带,所以有人说中国社会以关系为本位。费孝通先生以"差序格局"来形象地描述这种社会关系。中国社会结构的关系网很特别,以某个人为中心可以从近到远构建差序格局关系网络,该结构由内层的亲人关系、中层的熟人关系和外层的生人关系组成。我国传承民族传统体育文化,同样以宗法制度为基础,这集中反映在师徒传承中,而师徒关系是血缘关系的一种模拟形式。徒弟拜师有庄重而严肃的仪式,敬茶叩拜的仪式最为常见,正式拜师后才能进入师门,这才真正建立了师徒关系,"一日为师,终身为父"反映出这是一种模拟的血缘关系。在一段师徒关系中,师父不仅要将功夫传授给徒弟,还要教其如何做人,如何在社会上与他人共事,甚至徒弟的终身大事也是由师父把关和决定的。师徒传承有严格的谱系序列,这使民族传统体育文化的横向传承受到了制约,也使纵向传承受到了一定影响。

（三）传统体育文化的传承力量

人类和动物有很多区别,精神世界就是其中一个区别,人类在长期的生产生活中摆脱愚昧无知,建立精神世界,逐渐开始崇拜外界事物,有了审美需要和审美能力。人类最早崇拜的对象是自然,自然万物被作为崇拜对象,如山川河流、飞禽走兽、花草树木等,后来出现了图腾崇拜,如崇拜狼、蛇、虎、鸟、熊等,图腾崇拜的出现是人类崇拜集中化的反映。远古人类认为人类起源与动物密不可分,每个崇拜的动物后面都流传着一个远古传说,图腾崇拜又促进了祖先崇拜活动的发展,远古先民的祭祀活动是其崇拜神灵的直观表现,为了敬奉神灵,人们也会模仿动物活动,从而促进了原始民族传统体育活动的产生。

中国原始崇拜的基本体系主要由自然崇拜、祖先崇拜和图腾崇拜构成,中华民族文化精神的形成也是以这些崇拜为起点的,基于这些崇拜和中华民族文化精神的影响,我国独有的民族传统体育文化逐渐产生。例如,舞龙运动的诞生与人们崇拜龙图腾息息相关,人们开展这项运动以祈求国泰民安、风调雨顺为主要目的;同样,舞狮运动的诞生与人们对狮图腾的崇拜有关,舞狮以祈求安康、驱逐凶气为主要目的;人们为了祭祀屈原而创造了在端午节开展的龙舟运动;傣族泼水节有祝福之意;蒙古族那达慕大会上举办的摔跤、骑马和射箭三项比赛被称为"男儿三艺",人们将胜利者视为英雄,给予崇拜之情;东乡族"耍火把"、侗族和壮族的"抢花炮"比赛都有祈求五谷丰登之意。

总之,在人类社会发展历史中,民族传统体育文化发挥了重要而特殊的作用,不管是横向传播还是纵向传承,都充分发挥了图腾崇拜的精神力量,从而孕育了优秀的民族传统体育文化,促进了文化传承。

(四)传统体育文化的文化规训

人类依托各种各样的地理环境而生存,如海洋、岛屿、山地、平原、丛林、大漠等,我国是一个由多民族组成的人口大国,不同民族的自然环境、社会习俗、文化资源、图腾崇拜、生活习惯各有差异,因此而形成了丰富且各具特色的多元民族文化。中华民族文化的多元性主要表现为各具特色的中原文化、巴蜀文化、荆楚文化、吴越文化、岭南文化、松辽文化、三秦文化等。不管是哪个民族或哪个地区的文化,都从属于中华文化,因此中华文化形成了整体态势,即"一体多元",这一特征同样体现在中华民族传统体育文化中。受不同地域和民族文化的影响,中华民族传统体育在各民族文化背景下,形成了独特的文化表现形式,风格各异,绚丽多姿。

例如,蒙古高原地势平坦,水草资源丰富,北方少数民族依托这样的自然优势而过上了游牧生活,学会了摔跤、射箭、骑马等可被他们作为主要生存技能的技艺,蒙古族的男儿个个擅长这几项活动。亚热带地区有丰富的山林河谷资源,分布在这个地区的少数民族在这样的自然环境下掌握了攀爬、跳跃等技能,有很多传统体育项目由此衍生而来。

不仅不同民族地区的传统体育项目各具特色,同一类体育项目在不同地区也呈现出不同风采,这与地域和民族文化差异息息相关。以武术为例,中华民族武术运动中拳种多达 129 个,在不同文化背景下形成的各种拳术的技击要领、文化规训存在这样或那样的差异。我国北方地势辽阔,人们身材高大,因此北派武术具有舒展大方、大开大合、窜纵跳跃的鲜明特点,而南方自然环境紧凑,人们身材较为矮小,这使南派武术形成了短桥寸劲、迅疾紧凑的风格特征。此外,不同武术流派受到不同地区宗教文化的影响而形成了不同特征,如少林武术以佛家文化为理论基础,武当武术以道家文化为理论基础,它们有明显不同的风格特点。

二、我国传统体育文化的变迁

(一)文化变迁的机制

我国传统体育文化变迁的机制主要表现在下列三个方面。

1. 涵化

涵化是文化变迁的一个重要机制。当一个较弱小的社会与一个经济水平高、文化繁荣的较强大的社会接触时,前者不得不接受后者的一些文化因素,建立在二者强弱关系基础上而产生的文化假借过程就是所谓的涵化。涵化的结果有多种不同的表现,常见结果如下。
(1)文化接受。
(2)文化抗拒。
(3)文化附加。
(4)文化丧失。
(5)文化融合。
(6)文化创新。

2. 传播(借取)

传播是文化变迁的另一个重要机制,这里的传播指的是具有双向选择性的传播或借取,不是单向的传播。

3. 创新

创新是文化变迁的第三个重要机制,它主要包含下列两种形式。
发现:对客观存在但尚未被认识的事物产生知觉的活动。
发明:将客观存在的物质、惯例以新的方式加以综合的活动。
需要注意的是,并不是所有的发现和发明都会造成文化变迁的结果,倘若社会忽视或埋没了某项发明,那么这项发明就不会给文化带来

第二章　我国传统体育文化的内涵与发展态势分析

影响,也就不会发生文化变迁。

（二）社会变迁对传统体育文化的影响

文化变迁指的是"不论是一个民族内部发展的结果,还是两个具有不同生活方式的民族之间接触所引起的,在一个民族生活方式上发生的任何改变。"[①] 文化变迁从根本上而言是文化的发展与创新,文化变迁中文化的整体性与结构性发生了变化,而这种变化又是以原有文化模式为基础的。在民族传统体育的发展中,不同民族之间的文化传播与交流互动提供了非常重要的动力。

社会变迁是文化变革的主要影响因素之一,社会变迁的历史包含了社会解构、社会融合以及社会再创造等一系列过程。依附一定的社会环境及民俗语境而形成的传统体育文化有着强大的生命力,是生生不息的,而社会变迁改变了社会环境和民俗语境,民族传统体育文化随着其所依附的社会环境与民俗语境的改变而逐渐重组、融合。具体来说,社会变迁从下列两个方面影响了民族传统体育文化的变革。

一方面,社会变迁使社会环境发生了变化,进而改变了民族传统体育文化的功能与价值。例如,广受人民群众喜爱的武术运动是中华民族传统体育中极具代表性的典型项目,古代武术的发展主要受到了两个因素的影响,一是武术在冷兵器时代作为军事技艺发挥了重要作用,如杀敌卫国、防身自卫;二是武术制度的实施促进了民间"习武热"的形成。武术的军事价值随着时代的发展而削弱后,它的发展领域逐渐从军队转向民间,健身价值越来越受重视,人们习武一定程度上也是为了满足自身的健身需求,价值的演变使传统武术从"打练一体"向"打练分途"转变,并逐渐产生了以打为主的武术散打和以练为主的各种武术功法、套路,这是社会变迁影响下出现的必然结果,是社会文化选择的结果,这一结果的产生也与我国借鉴西方技击类运动的竞技模式有一定关系。

另一方面,社会变迁改变了民俗语境,依附特定民俗语境形成的传统体育因此而失去了根本生存条件。根植于特殊地理环境与民俗环境中而创造的传统体育项目,必然会随着生存土壤的变化而发生变革。例如,我国武术运动、龙狮运动都是在一定的民俗语境下发展与传承的,

---

① 苏航.民族传统体育文化传承创新研究[M].南昌:江西科学技术出版社,2017.

如古人"忙时种田,闲时造拳",创造了丰富的拳术文化;人们在特定节日或仪式中举行舞龙、舞狮运动,有祈求风调雨顺、国泰民安之意。随着中国社会的变迁(乡土社会→城市社会)和城市化进程的加快,乡土气息渐渐消失,传统体育所依附的原始土壤和民俗语境也随着不复存在,传统体育文化在这种情况下必然会发生变迁。

第三节 我国传统体育文化传承现状分析

我国传统体育文化曾经在历史上有过非常辉煌的时期,但是在历史进程中,由于不同朝代迭代对异己文化的打击,有些传统体育项目的传承受到影响。本节将从传统体育的传承方式与途径展开分析。

一、传统体育文化传承的方式

在当代各种时尚文化以及西方强势的竞技文化侵袭背景下,传统体育文化处境堪忧,不断地被其他文化所冲击,而由于社会上缺乏对传统体育文化有力的传承机制的保护,受到地域、时空和传统体育自身特征的影响,其传播显得越发困难。尽管在诸多不利条件下,但是我国的传统体育文化依然表现出强劲的生命力,凭借自身原有的传播方式和传播途径,依然还接续着它的文化使命。

就目前的传播情况来看主要有以下几种方式:生活方式的传承、宗教信仰的传承、节庆习俗的传承等传承方式。

(一)生活方式

一个民族或者一个社会的生活方式,是整个社会或者族群物质文化和精神文化的综合体现,看似平常的生活方式里,往往蕴含着丰富文化内涵和精神内核。因此,生活方式其实是传统体育文化最寻常、最直接的传播方式。传统文化的沿袭往往都以潜移默化的方式进行。人们在不知不觉中已经将这些文化内化到自己的价值观、认知、生活理念和生活方式中。就是通过代代相传的方式,将这些传统文化一代代地传承和发展下来,并还会一直传递下去。

生活方式里蕴含着一个民族较为丰富的文化内涵,同时也负载着许多独特的文化观念,具有较大的稳定性。生活方式是民族文化得以传承的重要途径之一,每种生活方式的背后是特定文化的表达,是一种稳定的心理模式和思维模式。

(二)宗教信仰

如前文所述,宗教信仰与传统文化有着深厚的内在联系,很多传统体育文化最初都源于宗教活动,因此才被广泛地流传开来。因此,宗教信仰是一个重要传统体育文化的传承途径。作为一种特殊的社会意识形态和文化现象,在宗教的发展过程中,记载着人类体育文化发展的历史,因此宗教对体育文化传承具有一定的作用,它是传统体育文化的一种传承方式。宗教的文化传承作用主要表现为以下两个方面:

(1)作为人类社会发展的一部百科全书,宗教对传承文化具有明显的推动作用。

(2)宗教的文化聚合作用对民族传统体育文化进行有效的控制和引导,使民族传统体育文化具有某种文化认同感和民族凝聚力。

(三)节庆习俗

节庆习俗是一个社会或者一个民族的传统文化最明显的外化,蕴含着中华民族的向心力和凝聚力。在社会大众的日常生活中,节庆习俗往往有着集体的情感记忆和精神体验,每个民族都有自己特有的传统庆典活动,在庆祝节日的同时,也在进行着文化传承活动。

实际上,节庆活动中的传统体育文化肩负着多重功能,包括缅怀、祈福、娱神、社交等,有着该民族独特的、丰厚的文化内涵。各个民族都有自己风格独特的节庆活动,其中的传统体育文化项目是非常重要的组成部分,也是一个民族重要的文化表达方式。它用一种形象、直观、一目了然的方式,使古老的传统体育文化得以彰显,可以说,节庆活动是长期以来形成的传统体育文化的缩影,折射出不同民族的发展历程和轨迹。

二、传统体育文化传承的途径

（一）民俗传承

1. 口承语言民俗传承

口承语言民俗主要是关于语言文学艺术的各个方面，它包括神话传说、歌谣诗词、谜语民谚、民俗故事、民间艺术等。从表面看，这些艺术似乎与体育的联系并不直观，但实际上二者的联系十分密切。许多传统体育项目都不是单纯的竞技活动。调查显示，我国流传下来的与口承语言民俗有关的体育项目约有数十种，它们不仅本身与民族文化艺术没有严格的区分，在进行相关传统体育活动时都伴以诗歌、歌谣等民间艺术形式。与文化艺术相结合的传统体育项目规模宏大，参加人数众多，活动周期较长，且内容丰富、氛围热烈。

2. 社会民俗传承

社会民俗的范围是指某个民族的家族、亲族、村落及各种社会职业群体的各种仪式以及习俗等。传统体育并没有直接创造物质利益，它更多地属于一种精神文化。正因如此，它一般多与节日庆典结合在一起。首先，传统体育是节日庆典中的一项重要环节，以身体活动的形式传达节日庆典的深层含义；其次，传统体育也可以凭借节日庆典对民族生活所产生的影响来达到传承目的。

传统体育是社会民俗的一个重要组成部分。随着这些体育内容的产生，在长期发展后完成自身传承、整合的过程。传统体育在社会民俗活动中的功能与价值主要从以下几方面体现出来。

（1）活跃和丰富文化生活

传统体育是节日活动的主要内容，如龙舟、拔河、摔跤等，这些活动不强调竞争性，也没有十分系统、严格的比赛或游戏规则，主要在于通过活动来渲染节日气氛、让大家感到快乐。这些少数民族体育活动大大地丰富了民族群众的传统文化生活。

（2）继承和发展民族传统文化

民族文化蕴含在传统体育项目中,有些活动与内容反映了宗教信仰,有的项目是纪念本族的民族英雄,反映本族的道德观与价值观。这些项目在发扬优秀民族艺术传统的同时,也反映了该民族的审美倾向。总而言之,民族体育作为民族文化的重要组成部分,在节日庆祝中的开展是对民族文化的一种扩散和发扬。

（3）增强民族自豪感和民族凝聚力

民族自尊心是民族自豪感的核心。少数民族人民的自豪感通常表现在对本民族英雄人物的纪念上。有些民族在本民族英雄人物的纪念仪式上,一般也会呈现出民族传统体育的内容,如土家族的摆手舞、傈僳族的跳嘎等。这些民族传统体育项目的举行唤起了一代代少数民族人民对本民族英雄人物的崇敬和缅怀,从而增强了本民族人民的民族自尊心与自豪感。

节日庆典中的民族体育不是一个人的参与,而是该民族社会普遍传承的风尚和喜好的总汇。在大家一起庆祝节日的风俗中,通过共同的庆祝仪式潜移默化地强化着本民族人民的共同价值标准,通过一年又一年的节日将此标准传承下去。传统体育对增强民族凝聚力的作用是非常直观、普适的,是其他任何形式的活动都无法替代的。民族传统体育活动所带来的强烈感染力,使人们对本民族传统文化自觉地产生认同和自豪感。

（二）教育传承

教育是民族传统体育文化传承最重要的途径,这也是教育的最根本价值体现。教育存在的意义就是将前人总结的宝贵知识、技能和经验通过一定的方式和手段,传授给后代的过程。要做好传统体育文化的传承工作,首先要从教育抓起,发挥每一个教育途径的价值,将我国的非物质文化遗产保护与传承长长久久地进行下去。并且根据当前社会的先进科技手段和传播方式,进行优化和改良保护与传承的方式,这是现代文明的优势体现,是一种非常有效的梳理、整合和传承途径。

笔者认为,对传统体育文化的教育途径可分为家庭教育、学校教育和社会教育几个途径。

1. 家庭教育

家庭是人生的第一基石。人在一生中进入的第一个课堂,就是家庭,父母和重要的抚养人是孩子的第一任教师,因此,家庭教育对人的影响是终身的。就传统文化而言,通过在家庭中耳闻目染的熏陶,可以潜移默化地将传统文化的内容、观念、形式、技艺等带给孩子,从而培养孩子对传统体育的兴趣和习练习惯。

例如,在一些传统体育文化氛围比较浓厚的地区,几乎每个家庭都保留一些传统体育活动,这其实是传承的最佳方式。

2. 学校教育

学校作为文化传播与传承的重要阵地,自然也是传承传统体育文化的重要途径。我国的学校教育具有非常好的系统性和规范性作用,这对于传播传统体育是一个天然的优势。与家庭教育相比,学校教育对传承传统体育具有较强的指导作用。通过学校系统,可以对传统体育文化进行更加全面的、严谨的梳理和传承,从而保障了传承的质量和结果。

传统体育文化的传承方式有参与式传承与专业化传承两种,参与式传承是指积极参与并热心支持民族传统体育文化,专业化传承则是指具有系统知识结构并以研究传统体育文化为主要职责。传统体育在学校教育中的传承一般可分为校园民族文化建设和民族体育课程两个方面。

3. 社会教育

尽管家庭教育和学校教育两种传承方式非常重要,它们在传承传统体育文化的过程中发挥着不同的作用,但是对于大多数的少数民族来说,他们对传统文化习俗和知识的获得,更多的还是来自社会风俗习惯的自然影响。在节日庆典、宗教祭祀以及劳动闲暇当中,一些民族传统体育活动都是其中的重要内容,并通过不断地重复将这些传统内化为自己的生活方式。体育文化的形成是人类遵循文化发展的结构性规律的结果,它来自生产与生活实践,并被逐渐从生产生活中剥离出来,可以说它本身即具有非常浓厚的生产性与生活性。在很大程度上,传统体育

第二章　我国传统体育文化的内涵与发展态势分析

就是传统生活方式和生产方式的一部分,它们是一个有机的整体,一些少数民族的传统居民就是在不知不觉中,在日常的生活中接触传统体育,认识传统文化,用传统体育活动表达思想或感情。在节日庆典、宗教仪式、婚丧仪式、村寨间竞赛活动中,通过相应的传统体育活动实现具体的庆典目的、竞赛目的或者完成宗教或者婚丧的活动仪式。这些都属于社会教育范畴,不是有计划、有目的的规范传承,是自然天成的教育方式。并且,有些传统体育受到特殊的条件限制,很难在家庭或者学校完成教育和传承,比如水族端午节的"赛马"活动,彝族、白族的火把节等,都只能通过社会教育实现传播与传承。

三、传统体育文化传承的问题

虽然传统体育的传统传承内容、传承介质、传承方式丰富多彩、形式多样,而且在传统体育的传承与发展中对这些要素进行了积极的改革与拓展,但总体上仍然存在诸多问题。下面主要就传统体育文化传承要素的问题与困境进行分析。

(一)传承内容局限

调整与改善传统体育的传承内容,可以避免传统体育的传承和发展流于形式,如果不在内容上下功夫,传统体育文化传承将失去意义。实际上,因为传统体育具有价值性、社会性等特点,所以并不是只要通过节庆化、教育化、制度化和宗教化等介质,依托契约、血缘等关系,就可以使传统体育的传承内容从本土走向外域,从外域引进本地,从而促进良性文化传播和交流模式的形成。相反,我国传统体育内容丰富多样,为更好地适应新时期社会环境的变化及要求,仍需进一步加强传承内容的优化,促进传统体育交流、教育和传播等功能的充分发挥。

具体而言,不要简单地宣扬和传播那些蕴含极端宗教意识形态、强烈性别歧视、鲜明地域歧视及具有广泛破坏性的传统体育内容,要在遵循文化一般发展规律的基础上,对它们进行限制、改革和规范,甚至可以将落后的内容淘汰,通过科学的传承和有力的创新,对竞争力强、代表性鲜明的传统体育进行培育,为提升国家的文化软实力而创造有利条件。

（二）传承介质缺陷

传统体育的传承介质主要有教育化传承介质、节庆化传承介质、制度化传承介质、宗教化传承介质等，此外电视记录、申遗、广播表演等也是非常重要的传承介质，这些介质本身都不同程度地存在内在缺陷。下面进行分析。

1. 节庆化传承介质

节庆化传承介质重形式、轻内容；重消费、轻鉴赏，容易造成传承的失真甚至扭曲。

2. 制度化传承介质

制度化的传承介质可能会带来"一刀切"和"顾此失彼"的后果，使不同传统体育间的发展失衡，从而引发激烈的民族矛盾。

3. 教育化传承介质

教育化传承介质可能带来公平选择、有效选择传承内容的问题。
面对上述传承介质的缺陷，需要在受众的广泛性、传承的可复制性与可持续性等方面对其进行根本性改革。

（三）传承方式不足

传统体育文化的传承方式总体上局限于特定文化空间和民俗语境中，此外在地理区域、群体分布上也存在局限性。采用这些局限的传承方式进行传统体育文化传承，传承范围就会受到限制，而且大都是本土化传承，传统体育只在特定群体中流动，难以实现同步的、同类程度的传播和生根。

随着西方竞技体育在我国的大范围传播和快速发展，我国传统体育文化传承受到了极大的冲击和影响，再加上我国传统体育传播与发展中积累的经验,我国逐渐构建了以竞技体育为主的跨区域传承模式,并且通过这一模式,传统体育的传承取得了一定的成就和效果。此外,随着社会的流动和社会结构的变迁,我国传统体育文化传承也逐渐走出血缘关系和拟血缘关系的局限,以契约关系为主的传承方式得到重用,从而实现了我国传统体育横向与纵向的双向传播模式。

显然,在我国传统体育文化传承方式的改革中,应促进血缘关系、拟血缘关系和契约关系等传承方式的互补,促进本土化传承与跨区域传承方式的共同发展。

第四节 我国传统体育文化保护现状分析

我国传统体育文化具有悠久的历史和丰富的内涵,世世代代以来,传统体育文化在这片土地上生生不息、世代接续,从而得以传承到今天。然而,进入近代社会以来,由于社会的变革和文化的断代,导致很多传统体育的正常发展受到影响。本节将以保护传统体育文化的视角,对保护现状进行全面的梳理。

一、社会大众的重视不足

传统体育文化的来源是社会大众,它随着中华民族世世代代的繁衍生息而逐渐发展成为今天所呈现的样貌。然后在社会的变革中,尤其是近代中国社会发生了巨大的变化,人们的价值观也发生了很大的转变。一些传统文化不再是人们生活和工作的重要内容,甚至已经渐渐退出人们的视线,导致大众对传统体育文化重视不足的现象。

当今社会,在科技的推动下,社会发展日新月异,人们的生活方式、工作方式、价值观等都在发生着变化,新的认知不断产生,旧的文化习俗在不经意间已经被新的文化所逐渐取代。特别是对一些传统体育文化的重视明显不足,这就导致了社会大众整体上对传统体育文化缺乏保护的意识,体现在行动上则更为明显。

二、科研机构的力量不足

对传统体育文化的保护需要多方面力量才能完成,除了社会大众之外,还需要由专门的机构进行科学的引导,提供切实可行的行动方案。而就目前的发展情况来看,我国对传统体育文化的研究还不够充分,对传统体育文化的保护方式和研究就更加不足,作为提供理论支持和学术视角的科研机构,他们还无法承担起应有的责任,整体上而言,研究力量不足。

具体可表现在以下两方面。

(1)研究人员自身,缺乏传统体育文化的浸染,其热情和实践积累较为匮乏。比如最明显的例子是,绝大多数的传统体育科研人员,都完全脱离了传统体育的生活环境,他们通过考试取得相应的文凭,进而获得研究员的职业身份,但是从书本上得来的知识不足以支撑他们完成对传统体育文化的研究。他们生活在大城市的科研机构,缺乏基层的经验,这就在一定程度上制约了传统体育文化保护工作的进行。

(2)博物馆或纪念馆是集中整理和展示传统文化的场所,但是,其中关于体育文化方面的资料却并不丰富,与我国真实的传统文化水平不相符。由此可以反映出,科研机构对传统体育文化的重视不足,更无法指导大众和社会对传统文化进行有效保护。

三、法律法规的保障不足

当社会还没有形成足够强大的制度和文化约束力时,就特别需要法律法规的规范和标准。对于传统体育文化的保护更是如此。这就需要国家有关部门尽快行动起来,完善保护传统体育文化的法律法规。从根本上推动我国社会对传统文化的保护机制,建立有效的保护措施,从宏观上为文化保护指明方向。

另外,需要注意的是,在实际操作中,要将工作规范化、具体化,实际上,以往曾经提出的对传统体育方面的管理规范还不够明确,或者内容还不够细化,甚至缺乏针对传统体育传承的法律法规,那么在实践中,少数民族的传统体育文化保护工作就会受到影响。比如,在文件《关于加强对非物质文化保护的工作意见》中,几乎没有论述对传统体育的

第二章 我国传统体育文化的内涵与发展态势分析

保护工作；又如《中华人民共和国体育法》中只是提到了需要加强对传统体育事业的扶持以及加强对少数民族体育人才方面的培养，但是没有充分考虑到针对民族传统体育文化的保护问题。

总之，我国目前出台的有关保护传统体育文化方面的法律法规，还有很多问题亟待解决，需要有关部门严阵对待。为传统体育文化保护工作提供一定的法律依据，从而保障保护工作的顺利开展并取得理想的效果。

四、现有的保护方式

尽管当前有一些对传统体育文化的保护工作在进行之中，但整体而言，表现为保护的理念和方式都较为滞后，部分的传统体育都缺乏有效的保护机制和保护措施，这是未来工作应该尽快解决的问题。

以下是当前常见的几种针对传统体育文化的保护方式。

（一）活化石保护方式

活化石保护方式是针对传统文化以及非遗类文化的最有价值的一种保护方式，它可以保持恒定的、原始的文化形态，也是传统体育非遗保护的最高境界，但是在实践中，很难大面积普及，具有很多现实困难。

（二）人文生态保护方式

任何一种民间艺术形式都产生于一定的文化生态之中或一种文化时态之中，我们无法恢复文化时态，但能借助一定地区的群体生活而使这一文化作品存在于人们的生活方式中，使之与大众生活有机结合起来。一些民族民间传统体育非遗项目只有在一定的地域环境下才能显示其艺术魅力，所以在保护某一民族传统体育非遗项目时，要尽可能保护相关的生态元素。

（三）博物馆保护方式

民族传统体育非遗的传承不可能都是活态传承，也可以通过博物馆展览、播放等方式,让人们认识了解这一文化现象。

（四）旅游与开发的方式

在商业文明高度发达的今天,对传统文化的保护又开发出了多种形式,比如民俗旅游、体育旅游就是其中一个重要的组成部分。由于传统文化的传承必须与保护相结合,以一种活态的形式进行保护和传承才具有意义。因此,对传统体育文化最佳的活态保护形式就是开发出一种以旅游为主要形式的文化活动。以传统体育文化为主题的旅游活动,可以同时满足这方面的诉求,既得到当地政府的支持,又能获得一定的市场回报,提高本地居民的就业机会,提高生活质量。

在这一过程中,丰富了人们的生活内容,吸引无数游客前来参观游览,从而增加了对某一种传统体育活动的认识,又提升了该地区的市场活力,使传统体育文化得到很好的发展。如果旅游与开发的方式运用得当,可以让传承非物质文化遗产提高经济效益形成良性循环,促进共同发展。

（五）数字化与网络保护方式

传统体育非物质文化遗产除了活态保护、人文生态保护、博物馆展览与表演以及旅游开发保护等方式外,用数字化、网络化进行保护与传播也是非常有效的途径。无论是文字、图片,还是音乐、图像,都可以借助网络实现全球超越时空的资源共享。[①]

第五节　我国传统体育文化传播现状分析

为了更好地发展传播途径、优化传播方式,首先需要对传统体育文化传播的现状进行梳理。我国传统体育文化传播在多方面都存在着问

---

① 邹珺.民族非物质文化遗产保护与传承[M].长春:吉林大学出版社,2016.

第二章　我国传统体育文化的内涵与发展态势分析

题,以下将从几个表现最为突出的方面进行详细的分析。

```
我国传统体育文化传播的现状
├── 发展参差不齐
├── 失去本真特性
├── 商业化严重
├── 趋向竞技化
└── 缺乏创新
```

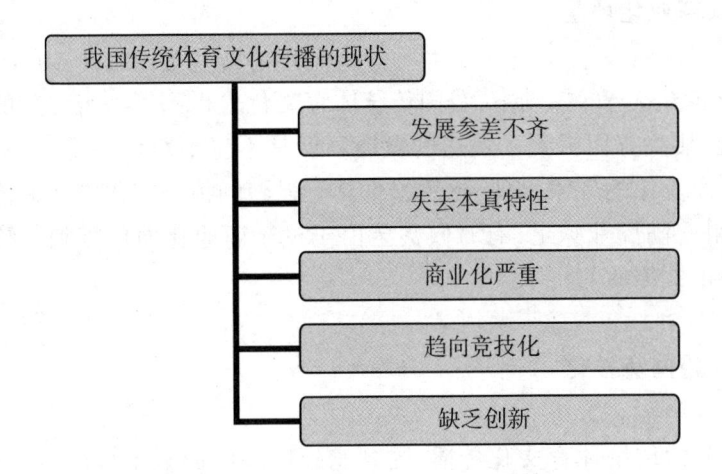

图 2-1　传统体育文化传播的现状

一、发展参差不齐

我国的传统体育有众多项目,再加上各自衍生出的不同流派与分支,构成了十分庞杂的传统体育内容。其中有很多传统体育文化在历史上曾有过辉煌的发展时期,在历史正典或民间传说等不同的途径都有所传承与发展,产生了重要的文化影响力。但是,由于各种历史的原因,有些传统体育已经渐渐遗落,有些则始终表现出强劲的生命力。比如咏春拳,在世界 60 多个国家和地区都有所传播与发展,可以说,咏春拳的名声早已享誉国际。

二、失去本真特性

我国传统体育在当代的发展与传播中,很多传统体育项目在传播的过程中出现了某种变形的迹象。比如,在以往的社会,武功或传统体育技艺的传承,主要是靠师徒传承为主,这种传承方式最大的优势,就是保证了体育文化的本真与纯粹。然而,随着商业文明的快速发展,我国传统体育在传播过程中,出现了夸大变形的现象。

三、商业化严重

在市场经济的推动下，我国传统体育文化也得到了一定程度的积极影响，在某些方面得到了快速的发展。但是不得不承认的是，也不乏一些过度商业化的现象出现，导致原来具有强烈的传统文化内涵的体育活动，变得充满商业味道，有时候甚至由于过于商业化而危害到传统体育文化的正常传播与传承。

四、趋向竞技化

当前的传统体育文化传播，受到竞技体育的影响十分严重，也会照着竞技体育的发展模式进行推广和发展。比如，国际武术联合会对于武术的推广就是，争取将武术纳入奥运会正式比赛项目，也要让武术运动参与"更高、更快、更强"的竞技规则中。

然而，中国武术套路繁杂，并不适合标准化和竞技化的发展道路，不同的门派之间，其技法与要求有很大的差异，如果一定要进行标准化和竞技化发展，那势必要以损失武术的多样性为代价，反而影响了中华武术的魅力。

五、缺乏创新

当前，我国传统体育项目的传播还遇到了消极传播、缺乏创新的问题，这主要从以下两方面体现出来。

第一，传统体育项目在传播的过程中，更多地将焦点放在商业化发展以及获取经济利益的方面，而对传统体育本身的发展却明显缺乏动力。因此，整体而言，我国的传统体育项目以及传统体育文化的传播，保守有余，但创新不足。

第二，对于一些传统体育项目而言，由于多年来的传承与保护工作的缺失，逐渐表现出文化流失的迹象。目前真正还在从事以及研究这些传统体育文化的人越来越少，在人力资源有限的情况下，只能努力维系这些传统体育项目及文化的正常传承，很难有能力去创新，这也是一个非常现实的、导致传统体育传播缺乏创新的原因之一。

第六节　我国传统体育文化的未来发展构想

就我国传统体育目前的发展现状来看,已经走上了重要的关键时期,有了一些成功的经验,也遇到许多困境与问题。因此,现在需要对我国传统体育文化的发展提出科学的发展构想,从而令今后的发展更有成效,使我国的传统体育文化得到充分的发展。

一、完善我国体育产业政策

我国体育产业政策还在不断地发展建设中,这是事物发展的客观规律。由于我国的体育产业发展较为滞后,在很多方面还存在着不足,对产业的建构还不够完善,其中最为明显的就是产业政策制定的不足。尽管国家出台了一系列的政策文件,但是这些政策还主要集中于比较初级的、保障性的范畴。在实际发展过程中,产业政策体现出多方掣肘,难以全面发展的情况,因此,市场亟须具有一定时效性与灵活性的产业政策,从而能够真正、全面地促进我国传统体育产业的发展。

(一)兼顾性与时效性

随着社会的高速发展,以及我国体育产业的不断迭代,目前暴露出的比较明显的问题是,产业发展的速度远远超过了政策法规的出台速度。而政策的缺席会促使市场出现混乱和难以掌握的情况。作为处于比较弱势位置的传统体育产业,其生存与发展境遇就显得更加艰难。为了加快未来传统体育文化产业的全面发展,有必要及时构建相应的法律法规,健全我国的传统体育产业发展政策。因此,在制定相应策略时,既要注意兼顾竞技体育的正常发展,还要注意政策的时效性,应当能够及时指导市场,促进传统体育的快速发展。

（二）实践性和可操作性

传统体育产业是一个重要但又十分特殊的产业形态。既不能完全照搬竞技体育的产业发展模式，又不能脱离市场，全部依靠国家的指导进行发展。因此，在制定传统体育产业发展的政策时，要特别注意结合我国国情，以及当前传统体育发展的实际水平，并参考其他国家的成功经验，比如英国、日本等国家在传统体育项目上的发展模式，选择适合我国发展需要的一些鼓励性的法规，从中吸取经验并制定出具有中国特色的体育产业发展政策，这样才能保证政策的可操作性和实践性。

二、建立体育政策改进机制

体育政策的制定与完善其实并非一次行为就能完成的，它是一个不断完善的过程，因此，要想真正地形成较为健全的体育产业发展政策，还需建立一个成熟的改进机制。

（一）从实践经验中摸索

在制定产业政策的同时，还要有意识地发展出一套动态化的政策改进机制。这种机制的建立，需要从理论与实践两个方面结合进行。比如，在发展的过程中，不断地将成功的实践经验进行抽象与总结，升级为成功的理论，进而对全部体育产业进行指导。

此外，应该及时把握民族传统体育产业政策落实中的不利因素，及时进行修正和调整，不断引导民族传统体育产业的健康持续发展。

（二）创建更多的传播形式

在可预期的未来，随着我国体育市场的不断成熟，传统体育也一定会发展出更多的传播形式，出现各种类型的社会体育组织，比如民间的以某个项目为核心的体育俱乐部，或者以社区为单位的定期组织传统体育项目的竞赛活动，或者由企业发起的针对某一地区的传统体育项目的推广活动等，这些不同形式的传统体育发展模式，都会在不同程度上促

第二章　我国传统体育文化的内涵与发展态势分析

进我国传统体育产业的发展,丰富传统体育发展内容和路径。尽管有些组织目前是以非营利的形式发展的,但是在不断的发展过程中,为了发展的持续性和有效性,不可避免地会衍生出一些商业职能或者行为。此时,就需要国家在政策法规层面给出规范性要求和指导意见。

一般常见的形式有以下几种。

(1)通过传统体育俱乐部制的运作和发展,将传统体育文化向全世界进行传播,增强传统体育文化的影响力和传播力。

(2)深化传统体育文化与国外的交流与合作活动。互派访问团与表演团,创办民族传统体育学院等。

(3)创建更加丰富的文化交流形式,如传统体育文化节、传统体育交流赛等,促进传统体育文化的普及和传播。

三、丰富传统体育产业主体

传统体育产业主体的发展,需要全社会各种力量的积极参与,只有激活全社会的发展信心与发展活力,传统体育产业才有可能得到彻底的、全面的发展,实现真正的产业化运营。

在国家逐步健全和完善传统体育政策的同时,还需要社会上的其他力量同时投入热情共同建设与发展传统体育产业,形成全社会齐心协力发展的理想局面。构建政府负责、社会组织协同、公众参与的多元化产业政策设计新格局,形成社会各领域资源的有效整合,发挥社会力量的协同作用,从而保障政策制定的科学性。

四、促进生态化发展

生态化发展是指,在我国经济和文化建设政策及国家生态文明建设目标指导下的一种文化创造,是当前社会产业发展的主流思想。促进生态化发展是未来传统体育产业发展的必经途径,也是对传统文化开发和价值转换的一种科学选择,是一种先进的、科学的对文化环境与资源的整合方式。

在国家对传统文化战略发展布局的过程中,要具有大局观,要全面协调各种社会资源与文化资源,并结合当前社会发展的实际情况,进行科学的安排。生态化发展应该是传统体育产业化发展的宏观策略,相关具体政策的制定,应以生态化开发为前提,并不断上升到地方长远发展战略的高度。

传统体育文化生态发展模式,是生态发展模式中的衍生领域,传统体育作为我国民族文化中的一件瑰宝,是人类文明的文化遗产,有必要更好地传承发展下去。传统体育文化最大的魅力就在于是历史传承出来的原生性。从生态发展模式上看,其传承要确保自身的原生性。由此,原生态发展模式应运而生。

第三章　非遗保护视角下我国传统体育文化的开发与保护

在非遗视角下,我国传统体育文化还有很大的空间有待开发。就目前的发展情况来看,我国传统体育的保护工作和资源开放工作有着密切的内在联系,只有科学合理地开发传统体育文化资源,才是最积极的保护方式。本章将从非物质文化遗产与传统体育非物质文化遗产解析、非遗保护视角下传统体育文化资源的开发理念与模式、非遗保护视角下传统体育文化的保护原则与方式、传统体育非物质文化遗产传承人的保护,以及传统体育非物质文化遗产的数字化保护几个方面进行研究。

第一节　非物质文化遗产与传统体育非物质文化遗产解析

非物质文化遗产与传统体育非物质文化遗产具有一些相同之处,又各自有其特点。本节就这些易混淆的概念进行解析,以便在开展传统体育的非物质文化遗产保护和传承工作中,避免不必要的错误。

一、非物质文化遗产的定义与分类

（一）非物质文化遗产的定义

国际社会对非物质文化遗产的定义是以 2003 年联合国教科文组织颁布的《保护非物质文化遗产公约》为依据，"非物质文化遗产是指被各社区、群体，有时为个人，视为其文化遗产组成部分的各种社会实践、观念表述、表现形式、知识、技能，以及相关的工具、实物、手工艺品和文化场所。这种非物质文化遗产世代相传，在各社区和群体适应周围环境以及与自然和历史的互动中，被不断地再创造，为这些社区和群体提供认同感和持续感，从而增强对文化多样性和人类创造力的尊重。在本公约中，只考虑符合现有的国际人权文件，各社区、群体和个人之间相互尊重的需要和顺应可持续发展的非物质文化遗产。"

（二）非物质文化遗产的分类

1. 联合国教科文组织的分类

（1）口头传说与表述：语言、民间文学、神话等；
（2）表演艺术：音乐、舞蹈、歌舞、戏曲、戏剧、木偶戏、皮影戏等；
（3）社会风俗：礼仪、祭仪、习惯、游戏、体育、节庆等；
（4）有关自然界和宇宙的知识和实践：关于农业活动的知识、生态知识、医药与医疗、宇宙观、天文历法气象、冶炼、计算、畜牧业、狩猎、食物与食品、种植、加工技术等；
（5）传统的手工艺技能：建筑术、人体文绘、手工艺、纺织与编织、刺绣、木雕、民间美术的各类型、民间建造、民间工匠等。

2. 以中国独具特色的形式进行分类

按照国务院批准的"首批国家级非物质文化遗产名录"，我国的非物质文化遗产共分为以下十大类。

（1）民间文学：主要有传说、歌谣、少数民族史诗、民间故事等。

（2）音乐：主要有民歌、山歌、号子、弹奏和吹打艺术、道佛教仙乐等。

（3）舞蹈：主要有民间舞龙舞狮和少数民族舞蹈等。

（4）戏剧：主要有五大声腔戏剧、少数民族戏剧、民间戏剧等。

（5）曲艺：主要为评说、大鼓和少数民族曲艺等。

（6）杂技：主要为竞技、武术、太极拳和民间杂技等。

（7）美术：主要有年画、剪纸、挑花、雕塑、刺绣等。

（8）手工艺：主要有陶瓷、蜡染、文房四宝、酿酒、首饰加工等工艺。

（9）传统医药：主要为针灸、中药。

（10）民俗：主要有传统节日节庆、婚俗、祭祀、礼仪和少数民族民俗等。

二、传统体育非物质文化遗产的内涵与特质

（一）传统体育非物质文化遗产的内涵

传统体育文化中被列入非物质文化遗产名录的内容都是历史非常悠久的文化财富，积淀了深厚的文化底蕴，具有独特且个性突出的文化特征。传统体育中的武术、气功以及民间民俗体育的文化意蕴都极为深厚，是反映与体现中华民族发展脉络的重要载体。传统体育非物质文化遗产不仅是一种简单的文化形态，它还包含完整的价值体系和较为完善的行为模式体系，这些体系中的内容既有隐蔽的，也有外显的，十分丰富。传统体育非物质文化遗产是中国社会独具特色和个性鲜明的历史文化现象，承载着中华民族的人文精神和中华民族传统文化的价值取向，包含着中华民族历史长河中形成的社会规范体系，是非物质文化遗产中非常特殊且极为重要的组成部分。

（二）传统体育非物质文化遗产的特质

我国传统体育非物质文化遗产(下面简称"传统体育非遗")在悠久的发展历史中,呈现出以下几个鲜明的文化特质。

1. 传统体育非遗是中华民族生产生活实践的行为凝练

传统体育非遗依托特定的历史背景与文化土壤而形成,并在不同的历史时期不断演变与发展,当传统体育非遗项目的技能发展较为成熟时,其蕴含的精神内涵和外在的行为模式将紧紧交融,从而产生能够充分反映出非遗特征的文化现象,而且这种文化现象的存在与发展都具有很强的独特性,不依附于其他社会文化。

2. 传统体育非遗是形式特殊的身体活动方式

传统体育非遗从形式表现来看原始而古朴,在其漫长的发展历史中形成了鲜明的特征,并基于这些特征而与其他文化紧密联系,甚至是相互依存,难以分割。从根本上来看,传统体育非遗的形式与现代体育无异,都是以身体活动方式为主,而且身体在运动中承受一定的负荷,消耗一些能量,但运动后能量可基本恢复到运动前状态,而且参与主体在身体活动中会产生愉快的体验。传统体育非遗项目像现代体育一样可以促进人身体健康、体能发展。所以说传统体育非遗是以身体活动为主要内容,具有隐性民族文化精神和显性健身特征的特殊身体活动方式。传统体育非遗兼具内隐的文化价值和外显的健身价值,无形的中华民族传统文化主要依靠外显的身体活动而传承与发展。

3. 传统体育非遗是多元文化的综合形态

传统体育非遗从形成之初就与周围文化相互联系,相互作用,相互融合,形成了多元文化的综合形态,构成了一个较为自由的文化系统,在这个系统中不同的文化之间可以相互交换信息。传统体育非遗是多种文化象征相互结合后的综合再现,它存在于繁荣的中华民族文化背景下,是独具中华文化特色的文化现象,它不是处于孤立的位置,也并不孤独。

三、传统体育非物质文化遗产的特征

传统体育非物质文化遗产具有自身的特性,一般可分为以下六大类。

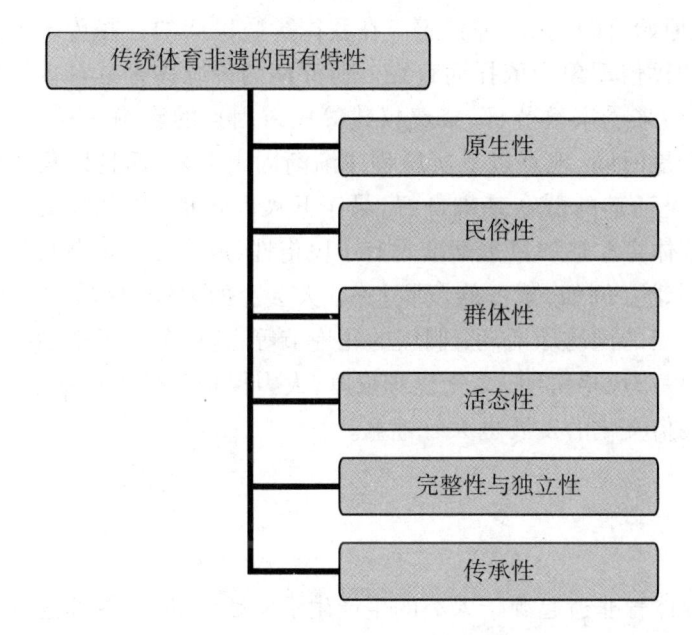

```
传统体育非遗的固有特性
    ├── 原生性
    ├── 民俗性
    ├── 群体性
    ├── 活态性
    ├── 完整性与独立性
    └── 传承性
```

图 3-1　传统体育非遗的特性

（一）原生性

我国传统体育非遗活动的起源与生产劳动密切相关,劳动人民创造了传统体育非遗,并默默守护着这些财富,这是劳动人民体力劳动与脑力劳动的结晶,是勤劳与智慧的凝结。从传统体育非遗的形式来看,它们"天然去雕饰",淳朴自然,从民族传统体育非遗的内容来看,它们来自人们的日常生产劳作与生活情景中,是自然而然的原生态形式。具有原生性的民族传统体育非遗在传承中华民族精神方面发挥着举足轻重的作用。

（二）民俗性

一些传统体育非遗活动多出现在一些民族民间节庆仪式中,如端午节的赛龙舟、春节的舞龙舞狮以及重阳节的登高等,具有周期性和仪式感,或为祭祀祖先,或为庆祝丰收,或为祈福平安,等等,总之都有特定的意义与目的。远古时期的体育活动与劳动、祭祀、宗教等活动密切关联,不仅原始,而且充满神秘感。在我国少数民族的一些传统体育总是以特定的民俗现象为依托而存在。萌芽期的传统体育具有自发性和不定期性,后来受宗教节日、祭奠仪式等民俗因素的影响,一些传统体育活动的开展时间、地点以及实施程序渐渐固定下来,而且以集体性活动为主,这类活动的群众基础良好,易于开展和传播,与民俗文化关系密切的传统体育非遗项目也渐渐具有了民俗性,成为在特定节日举办的大型民俗活动。例如,蒙古族"那达慕"大会上的射箭、骑马、摔跤活动;壮族三月三的抛绣球活动;侗族的花炮节等,这些节日民俗活动乡土气息浓郁,民族风格鲜明,文化色彩浓厚,大力保护与传承这些非遗项目,对中华民俗文化的发展也大有裨益。

（三）群体性

传统体育非遗起源于人类的生产生活实践活动,一些非遗项目不管是创作还是参与都是由多人共同完成的集体行为,体现了公共观念,可见传统体育非遗具有鲜明的群体性特征。这一特征促进了传统体育文化认同,而且这种文化认同是集体在意识层面上的深层认同。每个民族的人民都从思想意识上认同自己的民族。基于民族文化认同而创造的民族传统体育是丰富多样的,因为不同民族的文化风格不同,因此每个民族的传统体育是区别于其他民族的。民族传统体育文化认同也是一个民族的人民对本民族集体的生存生活方式的认同,民族传统体育活动出现在民族的节日仪式中,是全民族集体性娱乐方式,为人们提供了集体的生活空间,将全民族人民紧紧联系在一起,产生强大的民族凝聚力。

非遗的创造者、传承者和享用者都是非遗的主体,从这个角度来看,个人的个性化创造要想成为非遗的组成部分,必须向集体形态和集体传承演进与过渡。作为人民大众的休闲娱乐方式,传统体育具有重要的社会整合功能和教育功能,尽管因为不同民族的社会环境和风俗习惯不同,而且被赋予的文化意境和精神依托也不同,但有一个相同点,那就是各个民族的传统体育都凝聚了人民的集体力量,民族凝聚力极强,这种凝聚力使大家在参与过程中产生一种依附感和归属感,而且人们在参与中相互认识、理解、帮助,建立良好的关系,有助于社会和谐安定。

(四)活态性

活态性是非遗的基本特征之一,民族传统体育非遗作为非遗的一部分同样具有这个特征。从根本上来说,非遗活态性的"活"是从民族灵魂上体现出来的,民族灵魂包括民族心理和民族精神,这是创造非遗的民族在长期生产生活实践中凝练而成的。

传统体育非遗的活态性特征从下列两方面体现出来。

1. 传统体育非遗创造主体的"活态"性

传统体育以身体活动为主要内容,所以说传统体育文化其实是一种"身体文化",人们通过自己的身体活动而直观地展现与传达传统体育的文化内涵,如人们在武术运动中通过身体和四肢各部位的协调及内在心、气、意的协调,以及内外的协调而达到"内三合、外三合"的要求。

2. 传统体育非遗在传承与传播中的变异与创新

传统体育随着各民族之间的频繁交往及民族文化的传播扩散而发生变迁,在变迁过程中不同民族的传统体育相互融合,甚至有些民族的传统体育随着民族的对外开放而出现了异质文化色彩。随着经济的不断发展,传统自然经济逐渐被市场经济取代,而传统体育是在传统经济基础上形成与发展起来的,社会经济发生变革后,民族传统体育要继续生存和更好地发展,也必然要通过自身的改变来适应经济环境的变革。

我国是多民族组成的国家,不同民族都有丰富的传统体育资源,所有民族的这些资源加起来构成了庞大的民族传统体育系统。各民族的传统体育项目有的传播广泛,有的只流传于民族内部,而有的则濒临消亡或已经消亡,不同的传统体育项目之所以有不同的命运,与各民族的自然地理环境、人文地理环境的影响有关。为了使民族传统体育非遗能够源远流长,代代传承,必须深入理解它的活态性,并对活态化传承机制予以建立,进一步加大保护力度。

(五)完整性与独立性

1. 完整性

传统体育非遗具有完整性特征,完整是指传统体育非遗活动程序完整,非遗物质载体没有很大程度的残缺与损坏,能够将承载的文化信息、文化内涵充分反映出来。我国传统体育非遗中,有的项目的物质载体工艺高超,与非遗创造初期相比有了飞速的进步,而且创造者的思想意识也越来越先进,能够有意识地创造传统体育精品文化,这不仅说明传统体育非遗在物质上是完整的,在精神上也完成了传承民族文化的使命。现在,我国传统体育非遗不管是技术层面,还是艺术层面,都达到了很高的水平,而且经过长期的积累与沉淀,技术与艺术的契合程度越来越高,也达到了一定的深度。从艺术鉴赏视角来看,民族传统体育非遗越完整,就拥有越强的艺术感染力。

2. 独立性

对大众来说,越是相似的传统体育非遗越没有吸引力,他们对这类传统体育没有探索的兴趣和参与的欲望,而越是独特新奇的、独立的、不可重复和没有被复制的传统体育非遗越受大众的喜爱,这类传统体育项目不仅风格独立,活动程序独立,而且内在精神也是相对独立的,它们的艺术价值很高,对大众更有说服力和吸引力。

(六)传承性

作为中华民族传统文化发展的宝贵财富,传统体育非遗主要是靠其自身的传承性而经历漫长的历史变迁发展至今的。传统体育非遗的传承性既有显性表现,也有隐性表现。

从显性传承来看,主要表现为动作形态传承、动作方式传承、运动技能(技巧)传承等方面。

从隐性传承来看,主要表现为民族传统体育非遗内在价值观念传承、民族精神传承、文化审美传承等方面。

传统体育非遗中隐藏着民间习俗、民间故事、民族精神,随着民族传统体育非遗项目的传承,这些背后的重要组成部分也传承下来,体现了显性传承与隐性传承的有机融合,也反映了显性活动项目与隐性文化精神的共同发展规律。

近年来,传统体育非遗保护受到了政府与社会的重视,政府开展了多项保护工作,取得了可喜的结果。我国还采用运动会机制来保护民族传统体育非遗项目,即通过开展传统体育运动会的方式来设置一些非遗项目的比赛,通过全国比赛而进一步传承传统体育非遗,为其健康持续发展注入新鲜的血液,提升传统体育非遗的顽强生命力。

第二节 非遗保护视角下传统体育文化资源的开发理念与模式

传统体育文化的资源开发是一个系统的长期工程,在工作伊始,最重要的是明确开发理念和开发模式,从而能够科学地、有针对性地指导今后的具体工作。本节将主要从非遗保护视角下传统体育文化资源的开发理念和开发模式两个角度展开论述。

一、非遗视角下我国传统体育文化保护模式的进程

(一)政府模式

在计划经济时期形成了一种关于非物质文化遗产开发的初级模式,即政府模式。这种传统开发模式的特点是对国家的依赖性大,完全由国

家通过财政拨款来开发与保护非物质文化遗产,有专门的政府机构保护非遗资源,进行非遗管理。在政府模式下,政府承担非遗保护与开发的重任,大包大揽,主动发挥职能,采用各种手段如经济手段、政策手段、行政手段、法律手段等来积极保护与开发非物质文化遗产。在计划经济时期,由于非遗保护的民族自觉尚未形成,因此非遗开发的政府模式发挥了举足轻重的作用。

改革开放后,非遗保护的重要性被更多的人认识到,不仅是政府,包括社会各界和学术团体都纷纷投入非遗的开发与保护中,并在开发与保护过程中投入了大量的物力资源、人力资源及财力资源,出台了很多政策,采取了很多措施,政府、学界及社会共同推动非遗保护与开发,形成了政府主导、全民参与的具有中国特色的非物质文化遗产开发与保护机制。

(二)私营模式

随着市场经济的兴起,我国资源管理模式逐渐由政府机构管理向企业经营管理转变,私营之路由此兴起。在私营管理模式下,政府在资源管理中不再投资或投资很少,主要以私营企业投资为主,或者用私营企业的经济利润来开发和保护资源。在此影响下,我国非遗保护与开发的主体也由政府转变为私营企业,私营企业通过开发利用非遗资源而促进非遗的产业化发展,发挥非遗的经济价值、文化价值及社会价值。下面从两方面来分析私营模式的运行。

一方面,私营企业提供丰富的人力、物力、财力等资源,合理规划非遗旅游开发,为非遗开发提供物质保障。

另一方面,从开发者的角度来看,私营企业从市场角度出发,把握需求方向,对非遗进行必要的改造,通过合理开发而满足社会大众的多元性需求,有利于非遗的保护,抢救濒临消失的传统文化,使非遗原先已失去的功能被经济功能所替代,从而使非遗的价值得以延续下去。

但私营模式也有自身的缺点,企业追求经济利益最大化,容易犯追求短期、个体利益而忽视长期和集体利益的弊病,在开发过程中容易忽视对生态环境的保护。

(三)PPP 模式

PPP(Public-Private Partnerships)直译为"公私合伙制",即公共部门与私人企业合作模式,是指公共部门与私人部门基于某个项目而形成的相互合作关系。PPP 代表的是一个完整项目的融资概念,通过这种合作形式,合作者可以达到比单独行动更有利的结果,它是以参与方"双赢"或"多赢"为理念的新型模式。[1]PPP 模式的组织机构和运行形式如图 3-2 和图 3-3 所示。

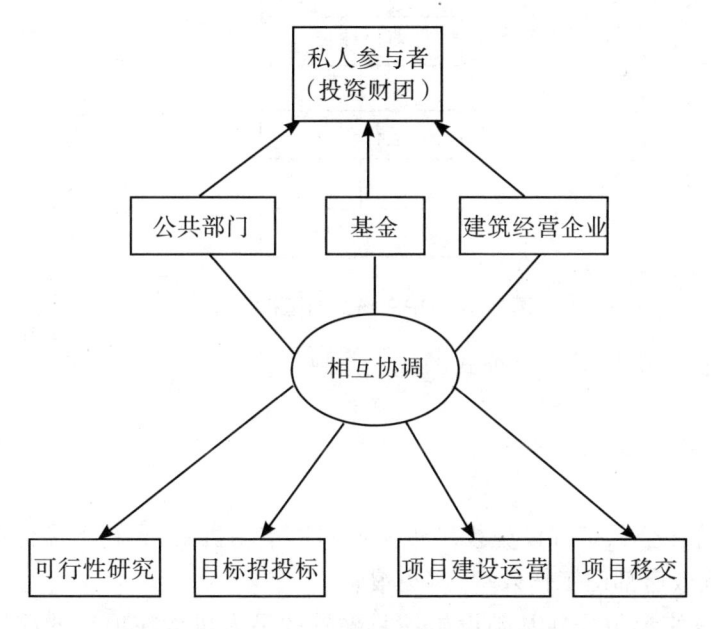

图 3-2 PPP 模式的组织机构[2]

---

[1] 王松华.非物质文化遗产保护与开发的经济学研究 基于上海弄堂文化的研究[M].成都:西南财经大学出版社,2009.
[2] 同上.

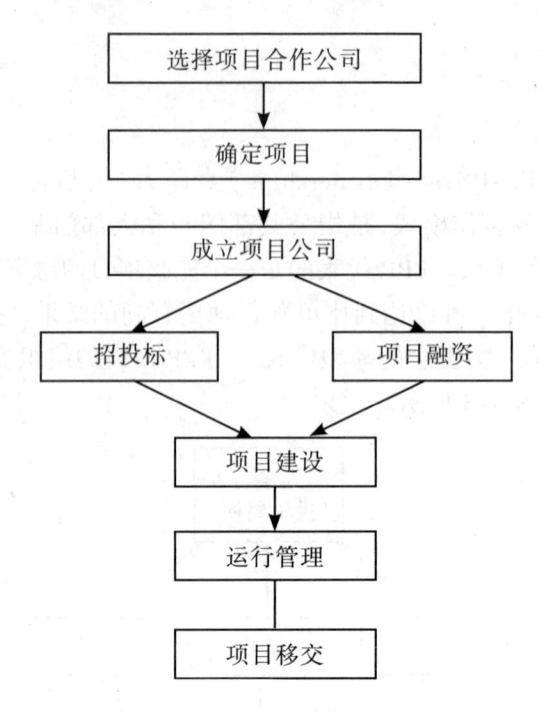

```
        选择项目合作公司
              ↓
           确定项目
              ↓
          成立项目公司
           ↙        ↘
       招投标      项目融资
           ↘        ↙
           项目建设
              ↓
           运行管理
              ↓
           项目移交
```

图 3-3　PPP 模式的运行形式[①]

下面简单分析 PPP 模式的优点与缺点。

1.PPP 模式的优点

（1）在公共基础设施投融资领域引进市场机制，有利于优化资源配置，提高政府部门工作效率，避免浪费。

（2）使参与公共基础设施项目融资的私人机构在项目的前期就参与进来，利用企业先进的技术和管理经验来弥补不足。

（3）有利于降低政府投资风险。

2.PPP 模式的缺点

（1）政府部门寻找最优合作伙伴存在一定困难，一方面需要投入时间和金钱成本真正了解私人机构的实力和口碑，另一方面公共部门在招标过程中可能出现腐败行为。

---

① 王松华.非物质文化遗产保护与开发的经济学研究 基于上海弄堂文化的研究[M].成都：西南财经大学出版社，2009.

第三章 非遗保护视角下我国传统体育文化的开发与保护

（2）管理上存在协调难度，政府和私人机构可能会产生矛盾。

二、非遗保护视角下传统体育文化资源的开发理念

（一）整体开发理念

在传统体育非遗开发中要贯彻整体开发理念，这是由地域特色、民族特征、风俗习惯等多因素影响的结果。传统体育非遗的开发要综合考虑国家政策、区域特色等因素，充分考虑非遗开发对传承与保护非遗的重要价值。在传统体育非遗的整体性开发中，应依托一定的社会环境而彰显其创新的应用价值，使群众充分认同各民族多元化的传统体育非遗文化，保障非遗文化的多样性。每一项民族传统体育非遗都不是代表单一的物质符号，如维吾尔族的"达瓦孜"蕴藏着维吾尔族人民的信仰和拼搏精神，是中华民族优秀传统文化宝库中集智慧、力量、音乐于一体的技艺独特、独树一帜的高空杂技节目。每一项民族传统体育非遗项目都与抽象的生命观有关，都与无形的环境密不可分。

作为中华民族文化宝库中的重要资源，传统体育非遗与各民族语言、音乐、服装、风俗等和谐搭配，使人们对体育非遗背后的各民族多元化、特色化民俗生活有充分了解和深刻体会。借助民族传统体育非遗这一语言符号来对民族高尚的道德理念、生命观、价值观予以表达、传播，一定程度上能够为社会主义整体的核心价值理念形成与传播而奠定坚实的社会生活基础。

传统体育非遗涉及范围广泛，与民族社会群体中的每个人都有密切的关系。在民族传统体育非遗开发中要坚持整体性原则，不仅要开发项目本身，还要开发与其密切联系的民族群众的生产生活方式、民族风俗习惯等，此外还要开发其背后的民族精神。例如，锡伯族的传统体育项目"射箭"被列为国家非物质文化遗产名录，古代的锡伯人以"渔猎为主"，以强筋骨、壮体魄、吃苦耐劳、剽悍顽强为尚。"射箭"这一民族传统体育非遗项目世代传承，在开发中要连同其蕴含的民族精神进行综合开发。[1]

---

[1] 王萍.困境中"回归"："非遗"视角下的民族传统体育文化开发研究[J].体育科技文献通报,2019,27（04）:1-2,59.

（二）传承、创新与借鉴相互结合的开发理念

传统体育非遗开发中不仅要坚持全局观念，还应有长远眼光，不仅要鼓励对现代体育的积极借鉴，也要全面保护民族传统体育非遗的原生性；不仅要深入开发民族传统体育非遗内容，也要实现民族传统体育非遗的创新，只有这样才能真正取得实效，因此，在传统体育非遗开发中应坚持传承、创新与借鉴相结合的思路与理念。

1. 传承

"传承"强调要彰显传统体育非遗的内容，传承和发扬其个性，特别是伴随传统体育非遗项目的逐渐流失，需对非遗项目进行全面挖掘、整理，还要在本民族内普及民族传统体育项目，使各族人民关心、热爱本民族传统体育项目，确保这些项目顺利传承。

2. 创新

"创新"强调需要从民族体育非遗项目的"个性"出发，结合本民族独具特色的资源进行创造性开发。

3. 借鉴

"借鉴"强调在民族传统体育非遗开发中借鉴现代体育的开发经验，促进传统体育与现代体育的协同发展，从而使我国的传统体育非遗迈入新领域。

（三）原生性开发理念

在丰富多样的传统体育非遗项目中，有些项目的消失和其生存环境的变化存在密切关系，所以需要特别关注其存在的原始氛围。原生性的生存环境对传统体育非遗项目的产生、生存及发展极为重要。

原生性的环境不仅包含自然环境，也包含人文环境，它们依附在特

定的群体或区域内。但随着经济的发展,有些民族传统体育非遗项目或活动如"泼水节"逐渐失去原始味道,变得商业化、舞台化,围绕一些民族传统体育盛大节日而开展的体育项目,也因为环境、氛围等的变化而渐渐失去了活力,因此,在民族传统体育非遗的开发过程中,需要用心构建适宜民族传统体育非遗生存的环境,尽可能保护其生存环境的原始风貌,从而为民族传统体育非遗的开发奠定坚实的基础。

（四）政府主导开发理念

传统体育非遗开发是政府行为、社会参与、法制力量等多个系统共同作用的过程。系统内部各个环节应科学规划、良性运作,如此才能实现协调发展。在多元开发系统中,政府作为民族传统体育非遗保护和开发的主要力量而居于主导地位,政府行为不仅包括制定政策、完善立法,还包括整体规划设计以及引导社会大众参与。

政府应从根本上把握对民族传统体育非遗的"活态"开发尺度,关注非遗传承人(群体)的现状,在开发的过程中保护非遗传承人,发挥非遗传承人在非遗开发中的重要作用。[①]

三、非遗保护视角下传统体育文化资源的开发模式

构建我国传统体育文化生态发展模式,要坚持科学的文化发展理念指导,并尊重文化生态结构和系统的发展特点和规律。结合当前我国传统体育文化发展现状和未来发展需求,我国传统体育文化生态发展模式的构建途径和措施具体分析如下。

（一）法规护航

由于我国历史悠久、民族众多,在历史上有着灿烂的文明积淀,因此,我国的传统体育文化资源十分广博。然而,在非遗视角下,对传统体育文化资源的开发,还需要政府和社会各方的共同努力。当前,最紧要的任务是完善有关民族传统体育发展与保护的法律法规,从根本上促

[①] 陈永辉,白晋湘.非物质文化遗产保护视角下我国少数民族民俗体育文化资源开发[J].武汉体育学院学报,2009,43(03):75-80.

进传统体育文化生态的发展。因为,只有从体育法制建设体系上开展工作,保障政策法规的实施和落实,才能长久地、稳健地对传统体育文化资源进行开发,才能促进我国传统体育文化得到充分的发展和保护。

(二)培养人才

传统体育文化生态环境发展模式的科学构建,还离不开人才的培育,只有当一批批优秀的具有传统体育文化专业的人才陆续投入对传统体育文化资源的开发和发展工作中,才能真正地重视相关人才的培养。

(三)财政支持

无论是具体的传统体育文化传承与发展,或者传统体育资源的开发,还是人才资源的培养,都离不开资金的投入与支持。而传统体育文化,尤其是非物质文化遗产类的传统体育文化,由于其自身很难产生经济价值,因此在很大程度上都依赖政府的财政支持。通过国家的资金支持,才能维持传统体育文化生态环境,为传统体育文化的资源开发做好准备。另外,还可积极引导各种社会力量发挥出价值,让更多的企业、组织都参与投资,通过吸纳社会资本合理善用民间资本投入,参与投资,保障民族传统体育传承发展基金的多渠道筹措。

(四)深挖文化生态

当前,我国民族传统体育非遗资源的开发理念和模式,随着我国社会环境与自然环境的变化而发生了明显的改变,其中自然环境变化中关于文化生态环境的变化,对民族传统体育非遗开发所产生的影响尤为显著。环境因素的变化使我国民族传统体育非遗开发从原生态开发向生态型开发转变。

文化生态型开发指的是在生态学理念和可持续发展观的引导下,以自然环境为背景,以特定自然区域或文化区域的民族传统体育非遗资源为对象而进行的一种对自然生态及社会文化都负责的开发模式。我国民族传统体育非遗资源丰富多样,具有鲜明的民族特色和地方风格,基本上都是从原生态的自然环境中孕育而成的,所以在开发过程中要将

第三章 非遗保护视角下我国传统体育文化的开发与保护

选择性开发与保护结合起来,走文化生态型的可持续开发之路。采用这种模式进行开发时,要注意保护好生态环境,处理好经济利益与生态利益之间的关系,促进民族传统体育与生态环境的协同发展。在文化生态型开发过程中将关于民族传统体育非遗的信息传达给社会,使人们更全面、深入地了解非遗和民族传统体育,提升民族传统体育的群众基础与影响力,从而为进一步开发与利用民族传统体育非遗资源奠定良好的基础。

（五）节庆会展

很多民族传统体育项目尤其是少数民族传统体育项目,都是在各民族的传统重大节日庆典中作为表演节目而呈现给大家的。少数民族开展文化节庆活动,在活动中进行本民族传统体育项目的表演或展演,使民族传统体育资源与节庆活动紧密融合,利用这一条件进行民族传统体育资源开发更能体现出集群化优势。采用节庆会展开发模式,搭建节庆会展平台,根据人们的需求和开发的需要而整合优势资源,促进不同资源间取长补短,实现联动发展,进而推动民族传统体育产业及文化产品的集群化发展。

各民族举办的传统节庆活动或会展活动,为民族传统体育非遗的传承与开发提供了重要的模式,即节庆会展传承与开发模式。以每年定期的传统节庆活动、定期或不定期的会展活动为平台,全方位整合本民族的民族传统体育文化资源,综合性挖掘这些资源的价值,充分发挥民族传统体育的经济价值,带动节庆经济与体育经济发展,最终提高民族经济效益。这是一种以独具特色的民族传统体育文化资源为基础而构建的开发模式。

少数民族在民族传统体育非遗开发中特别重视对节庆会展开发模式的运用,通过举办节庆活动和民俗活动,以会展的方式呈现各少数民族丰富多彩、精彩绝伦的传统体育项目,其中最具代表性的是蒙古族的那达慕大会,在这个一年一度的传统节庆活动上,射箭、骑马、摔跤这三个代表蒙古族男子气概和民族特色的项目从不缺席,这几个项目民族风情浓郁,极具观赏价值和文化价值,依托那达慕大会而将它们作为民族旅游资源进行经济开发,能够带来良好的效果。不但能够使蒙古族节庆文化旅游的内涵更加丰富,还能将独具特色的蒙古族传统体育文化传播到其他民族和世界各地。将民族传统体育非遗资源转化为独具特色的旅游资源,将进一步充分发挥民族传统体育非遗的文化价值、经济价值,产生广泛的社会影响力,带动民族旅游业发展,振兴民族经济,一举多得。

(六)产业融合

随着市场经济的不断发展,一种新的经济现象逐渐出现并越来越常见,即产业融合,它指的是不同产业之间或同一产业内不同行业之间相互交叉、渗透、融合从而形成新产业的过程,这是一个动态变化与发展的过程。近年来,我国传统体育产业化发展中逐渐出现产业融合模式,体育文化产业与其他产业紧密结合,依托这种产业融合模式而开发民族传统体育非遗资源具有重要意义。

在文化产业发展中,要将文化产品推向市场,被更多的人接受与消费,就要从文化旅游业入手而打好市场基础。文化与旅游本身就存在着千丝万缕的联系,二者密不可分,表现为旅游是文化的重要载体之一,而旅游开发又要以文化为核心与灵魂。采用"文化+旅游"的模式进行传统体育非遗开发,能够促进传统体育旅游文化内涵的丰富与质量的提升,同时能够扩大传统文化的影响力,促进文化传播与文化消费,实现综合开发效益。在民族传统体育非遗文化产品的开发中,以市场需求为导向,与旅游密切结合,将对促进传统体育文化产品创新、扩大民族传统体育文化产业规模、带动当地旅游业发展产生重要意义。旅游者和消费者在传统体育旅游活动中能够进一步了解传统文化,体验民族特色,实现精神需求的满足。

为更好地发挥文化产业与旅游融合型开发模式的重要价值,提升传统体育非遗开发的水平与效果,应从下列几方面努力。

1. 制定扶持政策,发挥政府职能

在传统体育非遗开发中,要将其与传统体育特色旅游有机结合,就需要政府从政策、法律等方面提供支持与保障。传统体育非遗开发也要与民族环境、传统文化、区域经济保持协调,这需要政府发挥宏观调控职能,加强宏观管理,构建融经济、文化、环境、旅游等于一体的协调管

理机制。

2. 科学规划,打造特色旅游精品

传统体育非遗开发与旅游业的融合是一种新的经济发展形式,在融合发展中涉及多方面的利益主体,各方面的利益主体要树立先进的融合式发展理念,在融合发展过程中积极发挥自己的优势与作用,共同提升融合发展的效果。此外,要加强对传统体育中优势非遗资源的深度挖掘,树立品牌意识,依托优势资源而打造特色旅游产品、旅游精品,加强宣传,扩大影响力,扩大市场。

3. 把握市场需求,引导消费

要使传统体育非遗特色旅游吸引更多的旅游者,不仅要深入挖掘民族传统体育非遗的特色资源及其旅游开发价值,使旅游者的多元需求得到充分满足,还要不断提升旅游者对民族传统体育非遗的基本认知能力,只有认识水平提升了,才能看到非遗旅游产品的价值与魅力,才能主动接受非遗旅游产品,最终做出消费行为。

4. 加强宣传,主动向市场进军

在传统体育非遗旅游开发中,要构建以政府为主导,以市场运作为主体,社会多方参与的营销模式,在营销过程中要加强宣传与推广,以整体营销为主,将现代化传媒手段充分利用起来进行广泛宣传,如建立非遗特色旅游网站等,提升知名度,扩大影响力,主动进军市场,在旅游市场占据一席之地。

5. 规范经营,提升服务质量

开发传统体育非遗旅游产品,要严格按照旅游市场的标准与规范来进行,将硬件开发与软件开发有机结合起来,树立"以人为本"的开发理念,以满足旅游者需求为宗旨,对旅游者、旅游消费者的兴趣爱好、消费习惯给予尊重,以正规合理的手段刺激旅游者的消费意识与动机,根据旅游者和消费者的需求来完善服务,拓展服务内容,提升服务水平与质量,并加快构建与完善相关的保障体系,使服务质量得到全面保障。

6. 培养旅游人才

开发传统体育非遗旅游产品,必然离不开专业素质好、管理能力强的旅游业人才,要提高开发与营销的专业水平及效果,就要加强对这类专业人才的培养,对专门人才的培训培养机制予以建立与完善,将高校、培训机构的优势资源充分利用起来去培养专业人才,同时也要发挥民族传统体育非遗传承者的重要作用,使传承者培养继承人,并在传承的过程中学习旅游开发的专业知识与技能,在传承的同时进行科学开发,打造优质民族传统体育非遗旅游产品。

第三节　非遗保护视角下传统体育文化的保护原则与方式

在非遗保护视角下,对传统体育文化的保护又有了新的要求和标准,本节将重点对传统体育文化的保护原则和保护方法进行分析,同时为了促进对传统体育文化保护工作更加顺利和有效发展,还对国外的非物质文化保护的成功方式进行了介绍。

一、非遗视角下传统体育文化保护的原则

非遗视角的传统体育文化,首要任务就是做好保护工作。而对非遗的保护是一项非常复杂的、艰巨的工作,因此,必须制订出明确的原则以指导工作。一般来讲,最常用的就是可解读性原则、可持续性原则、利益平衡原则三种。

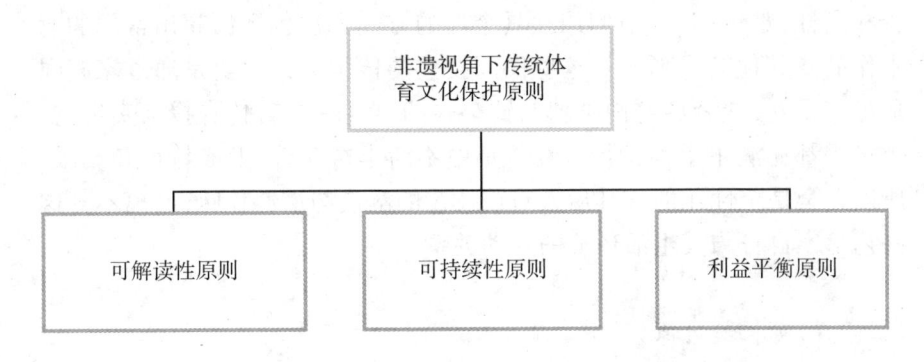

第三章 非遗保护视角下我国传统体育文化的开发与保护

图 3-4 非遗视角下传统体育文化保护原则的种类

（一）可解读性原则

一个民族的非物质文化遗产，蕴含着该民族传统文化的深厚根源，它往往通过其独特的、原生态的生活方式、行为规范、审美习惯、思维方式和价值观念来体现。可解读性就是指在继承其文化形式的同时，要解读其丰富的精神内涵和文化价值，比如中国众多传统节日中的礼仪习俗，是中华民族传统文化的重要载体，是民族感情的黏合剂。他们是非物质的，却在几千年的文明演化中生生不息，直至今日仍在持续地滋养着这个民族。然而，由于非物质文化遗产的非物质性和丰富性，要挖掘和解读各种非物质文化遗产的精神价值并非易事。具体地表现为以下几个原因：

1. 悠久的历史性

中国是文明古国，有些非物质文化遗产可能起源于史前文化。它们随着中华民族的世代繁衍生息，演化出多种多样的习俗，而其中蕴含的精神意念非常复杂，对其解读自然并非易事。

2. 高度的个性化和独特的传承方式

非物质文化遗产往往体现着鲜明的个性。其民族独特的生活环境塑造了其独有的素质，比如歌师、工匠等，他们的共同特点就是充满睿智和灵性,难于归类,他们用独具个性的方式方法创造出超出常规的艺术作品或其他艺术形态。这些民间技艺的传承方式主要是通过家族间父母与子女,或者族群内师傅与徒弟式的、单线的、言传身授来实现,整个过程都充满了个性特征。在传承中不断丰富完善,形成特色和流派,所以完全是个性化的。其后人对该技艺的解读与潜心体味,又离不开这些艺术家自身与其生活环境的互动关系。

(二)可持续性原则

非物质文化遗产是活态历史,因此对它的保护也是一项长期的、连续的、系统的文化工程,甚至这种保护工作将与该非物质文化遗产长期共存,保护工作要长长久久地持续下去。因此要坚定保护理念,持之以恒地进行这项事业。对非物质文化遗产的保护,不可能一蹴而就,也不可能一劳永逸,而应该做好长期的规划和准备。

(三)利益平衡原则

利益平衡原则是从知识产权的角度,强调对非物质文化遗产的保护认识,它认为对知识产权的专有性和社会对于智力产品的合法需求这一矛盾体的平衡,在保护产权人获取竞争优势以维持创新动力的前提下,尽可能促使知识资源社会化以促进生产力的发展。可以说这是健全非物质文化遗产保护法律法规的重要举措,是促进我国非物质文化遗产保护持续、健康地进行下去的法律支持。

二、非遗视角下传统体育文化保护的方式

无论在哪个国家,非物质文化遗产的保护工作都不是一件简单的事情。除了需要政府的引导之外,还需要立法保护、发动民间力量等多种方式一起进行。这一过程不仅涉及国家的行政力度、社会经济发展、民生民权等诸多方面的内容,还包括社会基本设施、大众的基本文化素养等综合情况。

第三章　非遗保护视角下我国传统体育文化的开发与保护

（一）普查工作要做好

非物质文化遗产具有活态性特点,因此这就为保护工作增加了较高难度。非物质文化遗产往往没有固定的形态,或者说有太多种形态。因此,将现有的、现存的非物质文化做好详细的登记、分类、建档等工作就显得非常重要,这是为今后的非遗传承所做的重要基础性工作,也决定了今后非遗传统体育文化的保护效果,也决定着能够进一步传播的可能性。

（二）建立完善的非遗名录体系

在进行普查的时候,还要同时将我国的非遗体系建立起来。明确保护措施和保护重点。非物质文化遗产种类繁多、形式多样,其价值和生存状态千差万别,对于这种形态特别、分布随机无法进行统一的、集中的管理,需要建立明晰的名录体系,进行分级管理,比如建立国家级、省级、市级、县级的分类体系,对国家保护资源进行合理分配,使各级政府对其行政区域内的非物质文化遗产开展有重点、有系统的保护和管理工作。

（三）认定和命名传承人

非物质文化遗产的保护和传承,在很大程度上要依赖传承人的传承。因此,对传承人的认定和命名工作,至关重要。大多数的非物质文化遗产,都是通过口传心授、父子、师徒等非常个性化的方式传承的。因此,传承人的生存状态,直接关系到非物质文化的传承和保护问题,一旦传承人断代或者后继无人,即面临着该非物质文化遗产从此消失。

（四）保护文化生态环境

对非物质文化遗产的存续具有决定作用的另一个因素是文化生态环境,因此,在开展非遗保护工作的过程中,还要加强对人文环境的建设和保护。这里的人文环境是指,在一些少数民族地区,还保留着相对完整的原始风俗习惯,成为当地人生活的一部分,这些风俗与传统,就是一些非物质文化遗产的重要土壤和环境,因为如果脱离了这一独特的人文生态,那么相应的非物质文化也难以存续。因此,要注意对这些地区的人文环境加强维持和保护,在提高当地人民群众生活质量的同时,要注意将这种文化生态与现代生活进行有机衔接,使其保留原生态的同时也逐渐产生适应现代社会的生存能力,使之为活着的文化。

(五)重视人才培养

每一项重要工作的开展,都离不开人才的培育,非物质文化遗产的抢救与保护工作,同样需要大量的既具有扎实的专业理论基础,又具有较强的实践经验的专业人士加入进来。然而,十年树木百年树人,优秀的人才需要长期培养。对此,需要政府尽快给予足够的重视,在政策上和财政上给予鼓励和支持。比如将非物质文化遗产纳入学校教育体系,开设有关非物质文化遗产内容的课程。一方面可以选拔合适的人才,另一方面还可以提高民族的基础文化素质,从而为科学、合理地开展非物质文化遗产的保护工作做好准备。

(六)对传承人的特别保护

非物质文化遗产的传承人,是非遗保护的一部分,因为他们是非物质文化遗产的核心载体,是保证非物质文化遗产存续的根本,因此,对传承人的保护也就是对非物质文化遗产的保护。

对传承人的保护工作,实际上可以分为认定机制、保障机制、激励机制以及利益分享机制的建立,通过对这些机制的科学建立,可以形成对我国非物质文化遗产传承人完善的保护机制,成为有力的一道屏障,促进非遗保护工作的顺利开展。

三、非遗视角下国外非物质文化遗产保护的借鉴

国外对于非物质文化遗产的保护工作起步较早,无论在理论研究还是社会实践方面都已经取得了骄人的成绩。由于国外对非遗的重视,在社会上也得到大众的积极响应,全社会形成共识,这对非遗保护是一种非常重要的社会前提。

我国学者通过走访各个国家,学习和总结了一些国际社会在非遗保护方面的成功经验,非常值得借鉴。

(一)以法律形式保护非遗

以法律形式对非遗进行保护,是所有非遗保护工作中最根本也是最重要的一个环节。在这方面,我们的邻国日本走在了前面。1950年,日本政府通过立法的形式,将非遗保护问题列入国家法律强力管理的范畴。尽管社会各界在最初对这一举措的认识不同,有不同的声音,但是随着时间的推移,它的价值很快便体现了出来。

在具体的法律条文中,明确规定了国家、地方公共团体、所有者、国民在保护工作中的责任和义务。这一规定充分地体现了其科学性、合理性和有效性的特点。首先,它对非遗这一特殊形式的文化遗产给出了一种非常合理的保护形式,即由国家主导、社会参与、传承人发挥主体作用的保护机制,充分调动了全社会的力量,这是保证非遗保护工作顺利有效开展的重要前提。其次,日本政府的非遗保护法律内容,还明确地规定了非遗项目的艺术或者技艺传承人的保护,日本将这些重要的传承者称为"人间国宝",这一举措加强了民间对非遗保护的重视程度。而大多数的非遗文化都非常依赖民间的传承和保护,由此可见,这一举措起到了十分关键的作用。

我们的另一个邻国韩国也很快拿出行动,积极向日本学习。在1962年颁布了《文化遗产保护法》,对韩国的100多项国家级非物质文化遗产进行有力的保护。

总之,日本和韩国较早地从立法角度展开非遗保护的工作,起到令社会各界都对非遗保护给予足够重视的作用。通过完善的、系统的法律法规政策,对日本和韩国的非物质文化遗产发挥了重要的引导和制约作用。

(二)扩大文化遗产保护范围

除了邻国日本和韩国之外,许多欧洲国家对非遗的保护主要采取的是另一种方式。以法国为例,法国政府非常重视古建筑甚至是时装设计等艺术的保护,将 20 世纪一些著名建筑师、时装设计师的重要作品也列为文化遗产范畴。欧洲的其他国家也纷纷效仿,从国家立法的角度加以保护,同时还投入了大量资金,这些都起到了显著的效果。

对非遗的保护工作,在社会上不断得到加强,逐渐地全社会都形成对非物质文化遗产的认识,并且开始自觉地对其加以保护,从政府引导到民间自觉,这需要一定的时间。欧洲的非遗保护工作在实践摸索中,还不断将保护范围扩展。所有具有民族民间特性的、具有较高的历史、艺术、科学价值并流传至今的非物质文化遗产,都被列入被保护的范畴。

第四节 传统体育非物质文化遗产传承人的保护

传统体育非物质文化的传承,主要依托传承人的代际传承,因此,对传承人的保护就相当于对非物质文化遗产的保护。本节将对传承人相关内容进行全面梳理。

一、传统体育非物质文化遗产传承人的权利与义务

(一)传统体育非物质文化传承人的权利

传统体育非物质文化遗产传承人拥有以下权利。

1. 署名权

署名权是指表明传承人身份的权利,是对其行为的一种认可,这是非遗传承人的一个重要权利。体育是一种肢体语言,传承人在传承、表演与创新等活动中所产生的产品,存在署名权的归属问题。民族传统体育非遗传承人的署名权可定性为在民族传统体育非遗传承人的传承、表演等活动中,或者由此活动为契机所产生的作品中,标明此项民族传统

第三章　非遗保护视角下我国传统体育文化的开发与保护

体育非遗的来源或出处,标明传承人的姓名及所在社区群体的情况。需要注意的是,不可以转让或买卖民族传统体育非遗传承人的署名权。

2. 传承权

"传承"是指传授与继承,因此民族传统体育非遗传承人的传承权包含传授权和继承权。

（1）传授权

传授权是指传承人有向他人传授民族传统体育技术、技艺的权利,同时有选择下一代传承人的权利。民族传统体育通过肢体动作语言表达其所蕴含的精神文化内核,家族传承是民族传统体育传承的重要路径之一,传承人选择下一代传承人首先考虑本民族的成员,以便将民族传统体育中的民族精神更好地传承下去。但是为了更好地弘扬民族传统体育,传承人有权利选择本民族社区群体以外的人作为下一代传承人。民族传统体育的传授以"言传身授"为主,传承人有权利选择其认为有利于该项目更好地保存与发展的传授方式,如借助现代媒体技术将经典的项目套路等录制成影音资料或撰写成文字等方式。

（2）继承权

继承权是指传承人依法享有取得被继承人遗产的权利,这种权利与继承人的主观意志相联系。对于一般的继承权,继承人可以行使接受或者放弃,但民族传统体育非遗传承人的继承权和一般的继承权不同,继承人无特殊情况不得自行行使放弃的权利。

3. 表演者权

为了推动民族传统体育非遗的传播与保护,传承人进行表演时,有权利要求自己表演的节目以及直播、转播、录制、复制其节目时,按照惯例公布传承人的情况以表明身份,这是表演者的人身权,传承人拥有这一权利,该权利的专属性十分严格,只能由表演者本身享有,不能转让与继承。民族传统体育表演者为了使表演更有观赏价值,在编排套路、选择服饰等方面付出了劳动,因此理应取得相应报酬,也就是说民族传统体育非遗传承人拥有表演者的财产权。

4. 改编权

民族传统体育传承人是民族传统体育的持有者与掌握者，为了更好地保护民族传统体育，并推动其发展，传承人能够在一定范围内适当改编与创新民族传统体育。民族传统体育非遗具有活态性，因此可以对其进行灵活保护与创造性的保护，所以不应该用著作权领域的相关规定来限制民族传统体育非遗传承人的改编权。我们应鼓励传承人积极改编与创新，使民族传统体育非遗更好地适应现代文化环境。[1]

（二）传统体育非物质文化传承人的义务

传统体育非遗传承人的主要义务包括：在适当领域积极主动地公开技艺，让更多的人知道和了解这一传统体育的内容和特点；在条件允许的时候，努力动员社会力量参与传统体育非遗保护和发扬的工作中；主动选拔合适的接班人，大量地培养接班人等。

传统体育非遗传承人还要跟上时代的步伐，在传承传统体育文化的时候，要积极借鉴当前社会的先进手段，努力创新传承方式，提升传承效率。从而摆脱原来的仅限于"言传身授"的古老模式。传承人应充分利用现代媒体资源在全国范围内传播民族传统体育项目，让除了本群体以外的更多人了解此项目。

二、传统体育非物质文化遗产传承人的重要作用

（一）完善非遗项目的历史记载

由于非物质文化遗产是无形的，没有具体的可以保留和传承的实物，因此，它的传承和保护工作绝大多数都依赖传承人能够全面地、具体地、准确地将非物质文化遗产的所有信息和技艺得以记忆和掌握。因

---

[1] 康娜娜,张志彬.我国民族传统体育非物质文化遗产传承人的法律地位[J].体育成人教育学刊,2013,29（01）:19-21.

此,传承人有义务和责任将所有相关的信息做好记载,妥善保存相关的实物、资料是非遗传承人的基本义务之一。

现实情况是,有许多传统体育非遗项目都濒临失传,由于社会的进步速度飞快,人们更容易被新的思潮、新的艺术以及占主导地位的竞技体育项目所吸引,因此对传统体育项目的热情逐渐下降,于是导致无人或只有少数人精通这些传统体育项目,这是十分很危险的。要加强对现有传承人的保护,以及从多方面鼓励传承人做好资料的记载工作,努力将非遗项目绝技的传承人视如珍宝,最大限度地记录毕生所学,保护珍贵的非遗技艺。

(二)展现传统体育水平,弘扬体育精神

传统体育传承人历经多年刻苦训练,在运动水平上达到一定的高度。师徒传承是民族传统体育的主要传承方式之一,师父给弟子们传授自身数十年习得的高超技艺,弟子们学习精通之后,将技艺传给下一代,只有薪火相传才能让民族传统体育项目发展壮大。

传统体育非遗传承人有知识,有文化,有技艺,是民间优秀人物,他们不仅掌握了非遗项目的技艺,更重要的是领悟了技艺中所蕴含的精神内核。一些传承人多次在国内外舞台上表演、展示,创造纪录,从而传播非遗文化,弘扬民族传统精神。忠于项目本身,发扬体育精神,这是传承人的价值理念。

(三)广泛交流,传播中国传统文化

中国传统文化源远流长,传统体育文化博大精深,但在体育全球化背景下,西方体育文化对我国传统体育文化造成冲击,导致传统体育消减,造成了我国传统体育的边缘化现状。当前,国家文化软实力在国际竞争力中占据重要地位,因此我国在社会主义现代化建设中必须加强中外文化交流,在这一趋势下,传统体育非遗传承人不仅要做好内部传承工作,还要主动与世界各国相互交流,向世界各地传播先辈创造的文化精华,发挥自身作为国家非物质文化遗产代表的更高价值。传承人与世界体育文化交流对促进民族体育文化的创新具有重要意义。

（四）投身教育，培养下一代保护非遗的意识

传统体育非遗传承人在教育体系中发挥着重要的价值与作用，如课前进行传统体育教材的编写，课堂上传授知识与技能，课后帮助学生解疑，这些都能使学生更好地了解传统体育，形成传承与保护传统体育非遗的意识。例如，"抢枢"是鄂温克族的民间传统体育项目，也是民族传统体育非遗项目，其传承人哈森其其格致力于对该项目的搜集、挖掘、整理及保护，成立该项目的培训班，对这项运动进行积极推广，经过长期的努力，这项运动的比赛场地、器材、方法及规则逐渐固定与规范，被更多游牧民族的人民所接受。现在，在鄂温克草原上，"抢枢"运动可以说是"遍地开花"，而且成为当地中小学体育教学的重要内容之一，也成为内蒙古民族运动会和全国民族运动会的表演项目之一，得到了良好的传承与发展。

传统体育非遗传承人通过学校教育渠道而在校本课程中纳入学生喜闻乐见的非遗体育项目，运用学校教育传承的方式来保护非遗项目，这不仅能够达到预期的传承与保护目标，还能对学生的文化自信、民族精神进行培养，使青少年自觉树立传承与保护体育非遗的意识。

（五）保留传统，创新项目，挖掘非遗的经济价值

现阶段，我国传统体育非物质文化遗产中不少项目面临发展的困境，出现很多棘手的问题，如器材制作的操作性不强，难以入门，缺乏吸引力和群众基础等，这些问题严重制约了非遗的传承与发展。要解决这些问题，促进民族传统体育非遗的传承与发展，就要适当对这些非遗项目进行科学创新。对于有的非遗项目来说，对其最好的保护方式就是进行生态化传承，保留原汁原味，但对于个别项目来说，要在传承中使其焕发生命力，就应该进行适度创新，通过创新而提升其吸引力，从而被更多的基层人民所喜爱。如果在项目创新中能够开发其经济价值，那么则更易被人们接受。但切忌过度开发，不能为了经济利益而破坏传统体育文化，破坏非遗的整体性和系统性，传承者应尽可能协调好保护民族传统体育非遗与追求商业利益之间的关系，通过对非遗衍生产品的开发、对非遗项目比赛活动的推广而与其他行业紧密结合，走产业化开发

与传承之路,在弘扬民族精神与保护民族文化的同时获得经济利益,可谓两全其美。

三、传统体育非物质文化遗产传承人保护的策略

(一)广泛普查,科学认定

在传统体育非遗传承人的保护过程中,首先应该开展的工作是广泛普查。我国各个民族的传统体育项目形式多样,内容丰富,广泛普查各民族传统体育非遗项目的传承人是一个十分浩大而艰巨的工程,为有序普查,政府部门应成立专门的团队来开展调查工作,启动民族传统体育非遗传承人调查、认定、命名等工程,在实施这些工程的过程中可以邀请或委托多学科专家参与传承人普查与认定工作,如文化学专家、体育学专家、民俗学专家等,有了这些专家的参与,更能保证普查与认定的全面性与科学性。

(二)建立专门的组织机构,统筹规划与管理

现阶段,我国参与非遗保护工作的政府部门有财政部、文旅部、教育部、住建部、发展改革委、国家民委、文物局等,涉及众多管理单位,存在多头管理的问题,而且各管理单位的职责不清晰,容易造成管理混乱的现象,从而影响管理工作效率,进而对非遗保护的效果造成制约。此外,现有的管理单位中不包括体育部门,这不利于保护民族传统体育非遗及其传承人。对此,体育行政部门应成立专门的组织机构来对传统体育非遗传承人的保护进行统筹规划,在专门机构配备专业团队,对科学有效的保护方案与管理规划进行制订,并与文旅部、教育部等多个行政部门联合起来,更好地保护传统体育非遗及其传承人。

(三)加大投入力度,保护传承人的权利

保护传统体育非遗传承人,就要改善他们的物质生活,为他们提供津贴补助,使其没有生活上的后顾之忧,将更多的精力放在对传统体育

非遗的传承上。然而，政府是根据传统体育非遗传承人的各级认定结果来发放津贴的，如果只由政府部门提供资金补助无疑会增加政府的财政压力，而且也是不现实的。对此，有关部门要广泛开辟资金筹集渠道，在保护传承人方面加大资金投入力度，甚至可以设立专门的经费。此外，政府部门应鼓励传承人围绕非遗项目而开展各种活动，如表演、传艺、出版、培训、讲学等，从而获取一定的经济利益。

（四）全社会共同参与，为传承提供有力保障

如果只依靠政府行政部门去保护传统体育非遗及其传承人，那么会增加政府的工作负担和压力，而且保护效果也不明显，要提高各方面保护工作的效率和最终的效果，就要求全社会共同参与传统体育非遗传承人的保护工作，在共同参与的过程中，各方面都要积极发挥自己的作用，履行自己的职责，并注重协同合作。具体来说，政府及社会的主要参与方面及各自的作用和职责如下。

第一，体育行政部门在传统体育非遗传承人保护中担任统筹者、组织者及决策者的角色，保护传承人是其义不容辞的责任与使命。

第二，学术界致力于对传统体育非遗传承人挖掘、普查、认定及保护的学术研究，为传承人保护提供科学的理论依据。

第三，社会媒介开展传统体育非遗的普及工作，借助舆论优势而进行广泛的社会教育，使全社会关注传统体育非遗及传承人。

第四，社会企业及相关团体应在资金、法律等方面为传统体育非遗传承人提供各种必要的帮助。

总之，只有建立社会共同参与的传承人保护机制，使社会各界将自身的优势、作用充分发挥出来，才能达到良好的保护效果，也才能保障传承人更好地开展传承活动。

（五）科学培养专门的传习人

当前，我国传统体育非遗传承与发展中面临传承人流失的严重问题，对此，当务之急是对新的传习人进行培养。在传统体育非遗传承人保护中，不仅要保护现有的已经得到认定的传承人，还要积极培养新一代的传习人，如此才能保障非遗传承的连续性，避免传承断层。对此，政

府部门应制定激励政策和相关措施,来号召与鼓励青年人对传统体育文化予以学习,积极参与传统体育活动。体育行政部门应协助非遗传承人对恰当的传习人进行挑选与培养,提供资金与政策支持。传承人在选拔与培养传习人的过程中,不能只是机械传授技艺,更要结合时代特色而在传承活动中促进传统体育非遗文化质感的提升,为传统非遗项目注入新鲜的血液,使其充满活力,从而调动年轻人学习与参与的积极性。在培养传习人方面,教育部门应充分发挥职能作用,在学校开展民族传统体育非遗项目的相关教育活动,对高素质的传习者进行系统培养。

第五节 传统体育非物质文化遗产的数字化保护

当今十分发达的数字化技术为传统体育非物质文化遗产的保护提供了新的思路和方法,从而对我国非遗类传统体育文化的保护工作进展产生质的飞跃。本节将从数字化对传统体育文化遗产保护的重要性和保护途径进行分析。

一、传统体育非物质文化遗产数字化保护的重要性

随着社会的进步与科技的发展,在传统体育非遗保护的范畴中,数字化保护成为广大学者与研究人员探索的重要范式。利用数字化技术将传统体育非遗信息资源进行数字化转化,不仅在处理较大数量数据方面可发挥重要作用,还可以避免由于自然、人为等因素造成的信息资源流失与破坏。利用数据挖掘技术分析并应用搜集的数据,能够为使用者提供更有价值的信息,从而促进我国传统文化在世界范围内的交流。对传统体育非遗进行数字化保护,建立开放性、互动性的数字平台,不仅可以满足非遗保护、民族特色保留、民族精神传承以及体育娱乐与体验等现实需求,还能积极探索更为先进与高效的非遗保护手段,提高保护效率。因而对传统体育非遗进行数字化保护,不仅是传统体育文化发展的内在需要,也是国际文化交流的必然要求。

二、传统体育非物质文化遗产数字化保护的途径

（一）提高认识，更新观念

关于传统体育非遗项目的挖掘与保护，近年来政府给予了高度重视，而且在国民经济发展中，文化遗产数字化的地位及其对科技、文化、经济的带动作用也越来越显著。国内外文化遗产数字化发展在思想上存在差距，对此政府有关部门应深入认识数字化生产力的作用，更新观念，充分利用数字高新技术手段，通过数字化方式合理挖掘、大力保护与传承民族传统体育文化遗产，并加强数字化开发与利用，这样才能更好地把握机遇，抢占文化与技术的制高点。

（二）完善法律法规体系

在传统体育非遗数字化建设与保护中，各级政府部门应立足实际，制定并不断完善关于文化遗产数字化建设与保护的相关激励政策，从法律、法规方面提供支撑与保障，促进传统体育非物质文化遗产的数字化发展。

此外，要特别重视传统体育非遗数字化知识产权的保护，设立民族文化产权交易中心，在民族体育文化遗产数字化保护与利用中，明确政府、社会及个人的权利和义务。在制定相关政策法规时，要考虑政策的科学性、可操作性和前瞻性，从而充分发挥政策法规的保障作用，营造良好的政策环境，促进民族传统体育非遗的数字化保护和传承。

（三）建设科学规范的标准化体系

采取数字化方式保护民族传统体育非遗是一项系统工程，具备良好的数字化技术及达到管理的标准化是实施这项工程的基础条件。目前，我国还未建立起规范的民族文化遗产数字化标准体系，所以在这方面必须加快建设步伐，尽快建立基础标准、技术标准、行业标准和管理标准

等不同标准,构建不同层面的标准化体系,同时积极参与国际标准的制定和完善,随时了解国际标准的新变化。

(四)分阶段进行保护

传统体育非遗的数字化保护是一个系统工程,大体可分为两个阶段,如图 3-5 所示。

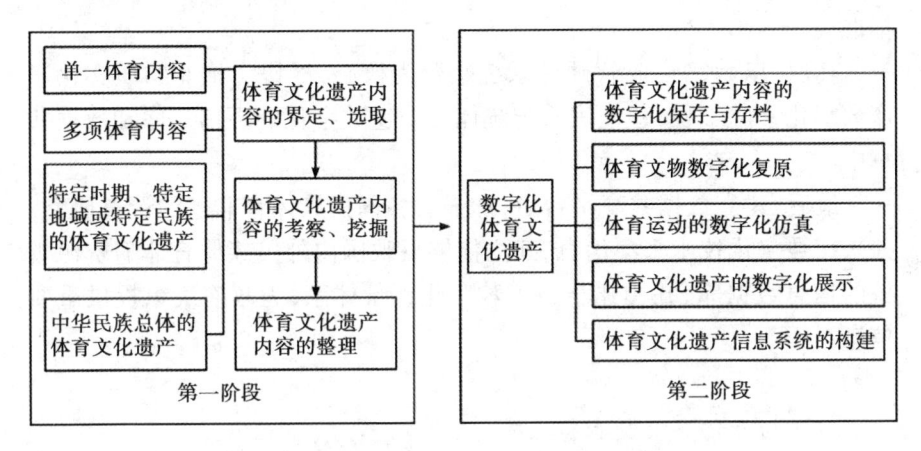

图 3-5 传统体育文化数字化保护途径的阶段[①]

1. 第一阶段

第一阶段主要包括传统体育非遗的界定和选取、考察和挖掘以及整理等工作。

2. 第二阶段

第二阶段主要包括传统体育非遗的数字化保存与存档、数字化复原、数字化仿真、数字化展示以及信息系统的构建等工作。

在传统体育非遗的数字化保护中,要按图中的步骤分阶段有序开展保护工作,循序渐进,不断深入,以提高保护效率和效果。

---

① 刘雨,李欣.少数民族体育非物质文化遗产的数字化保护研究[J].西安体育学院学报,2019,36(04):469-473.

（五）建立科研平台和数据共享中心

首先，充分整合文化、教育、旅游、信息等行业的资源，在高校遗产数字化科研基础上成立民族传统体育非遗数字化建设研究院，研究院主动与政府合作，共同制定民族传统体育非遗数字化建设发展规划、数字化抢救保护计划等，同时共同完善数字化抢救方案、认定程序、评估标准。

其次，以数字集成软硬件系统平台为核心，尽快实施非物质文化遗产数字化基础工程，建立民族传统体育非遗数字化资源信息库和数据共享中心。

最后，建立数据共享平台后，加强对各国民族体育非遗的调查研究，并采用数字化技术采集信息，建立能够反映国内外民族体育非遗资源概貌的信息数据库，并构建与完善数字化评价体系，为政府决策提供重要信息。

（六）培养优秀的复合型人才

传统体育非遗项目的数字化保护工作具有很强的技术性、系统性和持续性，有必要将文化遗产数字化教育纳入学科体系建设中，使各高校、科研机构深入研究非遗保护的数字化技术，并大力培养懂文化、通管理、精通数字技术的复合型人才，使其成为传统体育非遗数字化建设与保护的重要力量，提高中华民族传统体育非遗的研究水平和层次，推动我国传统体育非遗的可持续发展。

培养优秀复合型人才应做好以下工作。

第一，科学建立融"多渠道培养、多方式激励、多层次使用、多方位服务、多元化评价"于一体的复合型人才培养机制，为人才培养提供专项资金，在培养本地化人才的同时不断引进外来人才。要特别重视对文化艺术人才、文化科技人才、文化经营管理人才等新型人才的培养。

第二，高校充分利用人文、艺术、民族、信息、工程等学科资源而履行培养复合型高层次人才的重任，完成育人使命。

第三，加强对外合作与交流，建设有层次、有特色的专业人才队伍。

(七)加强交流与合作

加强国内外交流与合作是民族传统体育非遗数字化建设与保护的重要路径,因此要建立和完善交流合作机制、专家咨询机制,在资源、技术、专业人才等多个领域展开交流与合作。我国在文化遗产数字化建设与保护方面,已经采取国际合作模式的代表有数字故宫、数字敦煌等,参考这些成功的案例来推动民族传统体育非遗的数字化传播与发展具有重要意义。在数字化发展的国际合作中,要充分利用国际社团的资金、设备、人才以及经验等资源,从而不断增强自身的自主创新能力和竞争力。①

---

① 王耀希.民族文化遗产数字化[M].北京:人民出版社,2009.

第四章　我国传统体育文化的传播理论与保障

我国传统体育文化有着悠久的历史和丰富的内容,对我国社会的发展起到了重要的推动作用。本章将从体育传播学与文化传播学理论、传统体育文化传播的效果理论、传统体育文化传播的模式构建、传统体育文化传播的制度保障以及传统体育文化传播的人才保障方面展开研究。

第一节　体育传播学与文化传播学理论

传统体育文化的传播主要是从体育传播学理论和文化传播学的理论发展而来,本节将通过梳理体育传播学和文化传播学的理论为切入口,探索传统体育文化传播的新路径。

一、体育传播学的基本理论

(一)体育传播学的概念

体育传播是以体育运动为传播媒介和传播内容的信息传播活动与行为。体育传播学是以体育运动的传播现象与规律作为研究对象的学科体系。

第四章 我国传统体育文化的传播理论与保障

体育传播学对体育文化的传播起到重要媒介作用,从本质上讲,体育传播属于文化传播的一种,体育是一种特殊的文化运动,体育传播学是对体育文化活动的规律与特点进行总结的学科,是推广体育文化的必要条件。

(二)体育传播学的任务

体育传播学的任务可以从两个层面进行分析,即体育传播学的宏观层面与微观层面。

(1)宏观层面包括对体育传播史、传播制度、传播思想、传播效果等内容的研究。

(2)微观层面则是对发生在体育运动实践中具体的传播活动、行为、结构、类型、方式、过程、手段、途径、方法、效果等进行研究。

(三)体育传播学的学科特点

1.边缘性和交叉性

体育传播学是传播学的一个分支学科,是体育学和传播学的交叉学科,因此具有交叉性的特点;同时,体育传播学又是体育学在传播学中的延伸,从体育学的视角出发,体育传播居于体育学的边缘地位,这就是体育传播学的边缘性特点的体现。

2.整体性和互动性

体育传播学是一门应用型学科,在实践中主要体现为对体育相关内容的传播,是体育领域内的一个组成部分,它研究的是体育信息传播过程、现象和结果,因此,应该以系统的观点来考察,要结合其他要素以及彼此之间的关系、作用等信息一起进行,这是其整体性的体现。

另外,整体是多个因素组成的,每个因素之间具有互动的关系,正如体育信息、体育现象之间的内在联系是彼此影响的、相互作用的,在整体上就体现为互动性特点。

3.理论性和应用性

现代体育传播学是一门比较成熟的学科,一方面是因为现代体育的高度成熟促进了体育传播学的发展。另一方面是受到成熟的现代传播学影响。当今时代,体育不仅仅是一个行业,甚至在体育发达国家,体育产业是 GDP 的重要支撑,同时,体育也已经成为人们日常生活的一部分,旅游、休闲、娱乐、健身、教学、康复等,体育已经进入高度社会化、产业化和全球化的时代。在现代信息技术的影响下,体育传播学已经发展成熟,而且理论性较强,具有科学的、系统的研究基础。因此,体育传播学具有理论与实践相结合的突出特点。

4.综合性和开放性

体育信息包含着诸多内容,再往深层探索还可以涉及多种学科,因此,体育传播学自然具有综合性的特点。如果尝试深入地、广泛地报道体育信息、体育文化,就会涵盖许多方面的知识与信息,更加能够体现体育传播的综合性特点。

另外,从另一个角度来看,体育运动本身就具有较强的开放性,是一个开放的系统,不管是体育思想、体育精神、体育观念还是体育规则、体育制度及方法技能等,体育运动能够包容许多信息和文化内涵,这也是体育具有无穷魅力的原因之一。通过借鉴其他学科的知识和方法,对其他文化形态的精华进行吸纳和内化,使体育文化更加丰富,更具韧性。

(四)体育传播学的作用

体育传播学在当代体育产业的发展过程中具有重要作用,主要体现在以下几方面。

1.推动现代体育产业的快速发展

现代体育尤其是竞技体育以及竞技体育文化的发展,可谓进入历史的巅峰期,高度发达的竞技体育实际上其发展时间并不算长,却能取得如此耀眼的成就,其中离不开体育传播学的重要推动作用。

通过及时、生动地传播,将体育运动、体育信息、体育文化传播到世界各地的每一个角落,从而让体育文化和体育产业得到蓬勃的发展。

2. 促进体育基本理论研究的完善

理论的发展是建立在大量资料研究和对实践经验整理的基础之上的,而体育运动的流传与发展在一定程度上就是通过体育传播体现的。通过体育传播这一重要途径,不仅促进了现代体育社会化、产业化、职业化和全球化的发展,而且为体育基本理论的发展奠定了必要基础。

体育传播学从文化传播的角度,揭示和阐释体育运动的传播本质和规律,从而为体育基本理论的完善做出持续的探索和努力。

3. 为体育传播活动提供指导

现代传播学理论在各个行业的发展中都发挥着重要作用,而体育传播学之于体育传播活动的指导作用是明确的、显而易见的。无论是体育教学、竞技运动还是群众体育、休闲健身等,都无法脱离传播活动而独立存在。实践证明,体育传播学在现代体育运动和体育传播实践中是必不可少的,对体育传播的全面研究有利于为体育运动与传播实践提供指导。

二、文化传播学的基本理论

(一)文化传播学的概念

文化传播是人类社会交往活动中的一个自然现象,是人与人之间建立文化共存关系的一种必然现象。具体可体现为人们在生活和工作中,需要建立一种信息互通往来的关系,其内容来源于社会生活的方方面面,形式可以是多种多样的,总之是为了满足人们情感、精神、经验、心理与生活的多种需要,是人对文化的分配和共享,是人与人的共存关系。

（二）文化传播学的研究对象和范围

文化传播是人类社会产生的特有现象，是研究社会文化信息系统及其运行规律的科学。文化传播学研究的对象就是构成文化传播的所有元素，研究的范围大致包括以下内容：

（1）文化传播的过程、文化传播的内容、文化传播的主体、文化传播的环境、文化传播的受众等，都属于文化传播学研究的范畴。

（2）文化传播的社会功能、教育功能和控制功能等。

（3）文化传播的媒介、技术、模式、类型等。

（4）文化传播还研究传播政策，以及当代社会文化传播趋势和人类文化发展的前景等重大现实问题。

文化传播学为发现和解决社会传播问题提供合理方法，引导人们从信息系统角度考虑问题，从微观到宏观对社会实践和社会发展都具有重要意义。

第二节　传统体育文化传播的效果理论

伴随着体育文化传播的开展，会对产生的相应效果进行评价，用以指导和调整传播方式、传播策略等，因此，对体育文化传播的效果理论的研究十分重要。本节主要针对传统体育文化传播的效果理论进行分析。

一、传统体育文化传播的主要价值

文化传播最初是从大众的传播开始的，无论是自发的、无序的自然传播，还是有计划、有目的的人为传播，都代表着人类社会发展过程中文化形成、发展与演变的过程。随着人类社会的发展，传播媒体也随之产生和发展起来，从此人类文化才得以产生、延续和发展。

第四章 我国传统体育文化的传播理论与保障

（一）传统体育文化传播对大众媒体的依赖

随着大众传媒的不断迭代与变革，各种信息传播技术越来越发达，体育信息传播也顺势飞速发展起来。体育运动本身就来源于大众，这为它的传播奠定了扎实基础。在当前社会，体育运动已经成为大众生活的一个组成部分，人们对体育文化和体育信息的需求也在不断增强，其中大众传媒在这一过程中发挥着不可替代的作用。

这首先是因为大众传播具有的特点，比如速度快、传播范围广、传播信息多、传播质量好等优势，使大众传播在信息市场上占有首要地位。这些特性恰好满足大众对体育信息的需求。一方面，这满足了人们对体育信息的基本要求，另一方面，使体育文化得到了广泛的传播。

由此可见，大众媒介与体育传播成为互相依赖、彼此影响的共同体。保护和传承传统体育文化的工作，其中一个很重要的内容就是，通过向更多的大众普及传统体育文化，相关的体育历史、体育故事、体育人物以及某些传统体育运动项目的运动方法等，做好对大众的知识普及，以及兴趣培育。

（二）传统体育文化对大众价值观的影响

就体育领域而言，大众传媒的基本职责就是将大众所关心的、感兴趣的各种体育信息及时、准确地传播给大众。然而，随着社会文明程度的进展，以及大众受教育水平的提高，于是反映在大众体育传媒方面也有了与以往不同的特征。比如，当代大众对体育传媒的要求，不仅仅是报道特定的体育事件、体育人物、体育发展动态和体育知识，除了这些基本信息层面的需求之外，更加吸引大众的，也更为重要的是，人们需要从中看到和感受到更为宝贵的精神指引，比如凝结着中华民族传统文化的一些体育项目，如太极拳、太极剑、舞龙、舞狮等，对于凝聚民族精神具有重要的作用。通过对这些传统体育文化的了解，也能够提升大众积极拼搏的精神，激发出强烈的探索精神，这些都是传统体育文化的重要组成部分，是当代大众对体育传媒提出的更高要求，也是大众传播今后发展的方向。

二、传统体育文化传播的渠道和范围

(一)传统体育文化传播的渠道

1. 传统媒体时代

信息传播需要信息和传播两个要素才能实现,无论是什么信息,都需要相应的传播渠道,才能被受众接收和感知。如前所述,大众媒介是体育信息传播的主要渠道,然而在此基础之上,体育信息的传播渠道是一个丰富的传播媒介组合,涉及多种不同介质。

在传统媒体时代,体育信息的传播主要依靠电视、广播和报纸等实现。比如在一个体育赛事期间,除了到现场观看的少数人群之外,大多数的受众都是通过电视收看直播或者转播,或者收听广播,或者通过阅读赛后的相关报道得到信息。

2. 新媒体时代

当社会进入新媒体时代,对体育信息的传播发生了革命性的推动。由于互联网和移动互联网的快速发展,新媒体时代扑面而来。以往,体育信息的传播有着固有的模式,人们只能从官方的或者主流的媒体获得相应体育信息。在传统媒体时代,信息相对是严谨的、准确的,但是大多数时候都是延时的。如今,新媒体的疾速发展改写新闻业的发展,人们有太多的视角获得运动赛事、运动员等相关的体育信息,这拉近了大众与体育运动的距离,长期来看对促进体育事业的发展产生积极影响。

(二)传统体育文化传播的范围

1. 以媒体形式划分

不同的媒体形式覆盖不同的范围,也指向不同的人群。获得不同

第四章 我国传统体育文化的传播理论与保障

的体育信息也依赖不同的媒介。当前,传媒业格外发达,几乎能够覆盖全国甚至全球的所有范围。但是,就我国的传统体育文化传播而言,主要还是通过电视媒体、网络媒体以及一些专业性很强的自媒体进行传播。

曾经占据媒体行业绝对优势地位的纸媒已经走向了下坡路。无论是杂志还是报纸,都更擅长进行深度报道,对体育事件、体育发展趋势,以及体育人物的深度访谈等方面一直发挥着不可替代的作用。但是报纸和杂志的发行都有一定的局限性,比如在文化产业比较落后或者经济比较落后的地区,很多杂志、报纸的销量是极低的。

相对而言,视频媒体则在直观性、生动性方面具有得天独厚的优势,对于想要观看比赛,了解实时战况的体育狂热爱好者而言,视频媒体一定是他们的首选。但是视频媒体又要分为电视媒体、网络媒体以及自媒体。电视媒体作为官方媒体享有最大的影响力和话语权,因此占据着主导位置,而网络媒体和自媒体的优势在于灵活、角度新颖,可以从多个不同的角度报道体育信息,而且极具个性,这非常符合当下年轻人对信息的需求,因此,受到年轻人群的喜爱。特别是短视频类,内容短小精悍,随时都可以制作或者观看,具有极大的便利性特点,再加上移动互联网和智能手机的普及,网络媒体和自媒体覆盖了大多数年轻受众。

2. 以受众人群划分

传统体育文化与流行文化不同,流行文化光鲜亮丽,更加吸引眼球,更加浅显,更加容易传播,对年轻人具有天然的吸引力。就传统体育文化当前发展形势来看,它处于弱势的局面,甚至有些传统体育文化项目已经濒临消失。因此,仅仅靠大众媒体的自然传播是不足够的,还需要有针对性地根据受众人群进行划分。

一般来说,我国的传统体育文化主要是在乡村、少数民族聚集地进行传播和传承。而且,传统体育文化的传播,大多数是靠民俗习惯的延续,或者民间的言传身授的方式实现。现实情况表明,传统体育文化在现代社会一直属于一个比较小众的文化现象,越是现代文明发达的地区,传统文化越是落寞,越是相对落后的地区,传统文化反而还能占据一定的位置。

因此,从覆盖人群的分布情况来看,在一二线城市,或者城市文化历史悠久、各种建设较为完善的城市,传统体育文化的传播度和普及度都是不足的。

三、传统体育文化传播的速度和效率

(一)传统体育文化传播的速度

体育文化在很多方面不同于一般信息,它具有时间上的规律性、报道上的抢先性、环境上的局限性等特点。绝大部分的体育文化都是有时效性的,有时候各个媒体在抢先报道一个体育赛事时,可以说是争分夺秒地进行。特别是关于重大体育赛事的报道,只有最先发布新闻的媒体才最有新闻价值,能引起公众的关注,以及情感上最强烈的反应。

然而就传统体育文化而言,首先,由于受众人群本身就不多,传播的载体就十分有限,其次,传统文化的信息量也是比较稀薄的,更多的是靠民间言传身教的方式传播,其速度可想而知。

在网络媒体上,也会有一些知名的传统体育项目传承人、一些曾经获奖的传统体育运动员或者民间的爱好者等,会用自己的专业知识和技能,也会有不少粉丝的关注、热议和追随,他们在自己的训练馆或者家里,讲解传授传统体育的精髓或者练法,一旦发布到互联网上,立刻就会有粉丝看到,发表评论或者跟随练习。这对传承和保护传统体育文化是一种非常好的形式。借助一些所谓的自媒体大V传播传统体育文化,是未来的发展趋势。

(二)传统体育文化传播的效率

随着互联网的发展,为媒体业和传播业的发展带来了划时代的变革,网络媒体逐渐取代传统媒体不可撼动的传媒地位,以绝对的实效性遥遥领先电视、广播和纸媒,提升了整个时代的信息传播速度。对传媒业来讲,速度就是生命,互联网的出现,有时几乎能做到与真实事件的发生保持同步。

在互联网媒体时代,体育传播的时效性显著提升,这也反过来促进了体育业的发展。体育赛事或者体育明星的新闻一经上网,可以在短时间内迅速传遍全球。而且在智能手机、智能设备以及移动互联网出现之后,人们随时可以上网,浏览新闻和各种信息,于是对信息的需求量以及对信息速度的要求也越来越高,各家媒体之间的竞争也越发激烈,这对体育信息的传播速率也是一种促进作用。

总之,互联网和智能设备的普及,使得体育信息的传播得到极大提升,而且覆盖面积、新闻的形态要更加丰富。比如在一些体育赛事的报道中,不仅能通过官方的网络媒体同步了解比赛的场上情况,而且还可以通过各种自媒体、球迷在现场或者外场发布的相关信息,从而极大地增加了解读信息的角度,这也是体育信息传播速度提升的体现。

第三节 传统体育文化传播的模式构建

在对传统体育文化进行保护与传播的工作中,如果想打破现有的这种自然传播方式,加大传播力度,必须建立起相应的传播模式,实现更有效率的、更大范围的文化传播。本节以传播模式的构建为主题展开分析和研究。

一、文化传播过程模式

不同的文化传播过程具有不同的模式。实际上,文化内容的特点、性质与传播模式也有着互相影响和制约的关系,决定着传播模式的调整和改变。文化的传播过程经历了从简单到复杂的变迁,下面主要研究三种文化传播过程模式。

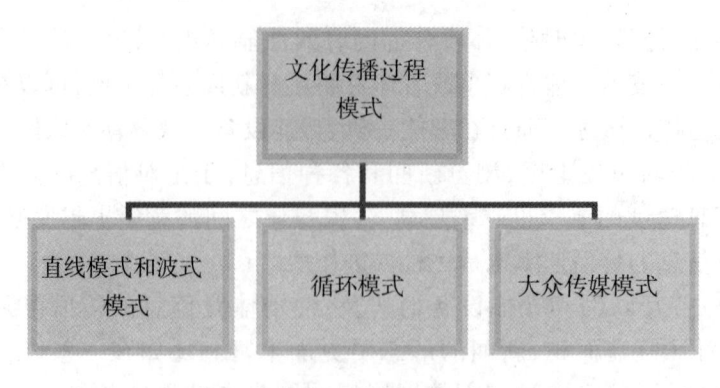

图 4-1 文化传播过程模式的分类

(一) 直线模式和波式模式

文化传播最简单的过程,就是从一个点到另一个点的直线模式,即从传播者到接受者,所呈现出的是一种单向的传播模式。然而,这是在理论研究上的一种理想化认定,现实生活中很少存在,而更多时候是相互传播。或者是多线程的,从四面八方传来同一个信息,这种传播方式被称为"波式传播"或"横向传播"。

一般而言,信息传播过程可以分为五个要素,分别是传播者、受传者、传播媒介、传播情境、传播动机。通过对五个要素的把握,可以对传播过程进行调整,从而调整传播过程,达到提升传播效率的目的。

(二) 循环模式

在现实生活中,文化的传播实际上是一个复杂的、包含多种传播形式的过程,单纯的波式模式或者直线模式非常少见,经常是两者的交互作用、交替发展,体现为一个复杂的多层次结构,是一种持续的、各个部分相互作用的模式,而且能够超越时间或空间的限制,产生循环传播的动态模式。

在现实社会中,信息传播中传播者和被传播者双方在很多方面都存在着差距,包括文化差异、信息资源差异、社会地位差异以及传播能力的差异等,无论在哪种社会,传播者都要占据一定的优势,而被传播者相对地处于劣势和被动的局面。

于是,施拉姆又提出了大众传播模式:传媒与受众存在传达与反馈关系。传媒与信源相连接,大量复制传递给受众。受众是个人的集合体,个人分属于各自的社会群体;个人和群体之间保持特定传播关系。这个模式初步具有了系统模式的特征。

(三)大众传媒模式

1966年,美国传播学家梅尔文·德弗勒提出了大众媒介体系模式,表述了社会政治、经济力量变化和传播过程在自由市场经济条件下的关系。进而,德弗勒又提出了更有普遍意义的"大众传播效果依赖模式"。简单来说是指大众媒介通过与社会、人际网络、组织等结为一个相互依赖的关系,并且共同形成一个社会信息系统。在这一系统中,媒介起到传播信息的作用。但是在不同的社会,其所起到的作用是不同的,表现为不同的依赖关系。

二、文化传播系统模式

文化的传播过程是一个系统式的过程,具有系统性的特点。在此过程中,文化从传播者向被传播者的流动,体现了系统的运动性、序列性和结构性特点,这也是文化传播模式的典型特征。文化传播的系统模式在历史演进中,出现了一些类型,以下简单介绍其中的两种主要类型。

(一)赖利夫妇的系统模式

赖利夫妇系统模式是由美国社会学家J.W.赖利和M.W.赖利在《大众传播与社会系统》中提出的。它表述的是任何传播过程都表现为系统活动,各个系统之间有从属关系,也有交叉关系,共同组建了一支文化传播的整体系统。传播者和被传播者每个个体都自成一个系统,在文化和信息传播的过程中,个体系统与其他个体系统连接形成人际传播。个体系统又分属于不同的群体系统,又会产生群体传播。群体系统属于社会系统中的一部分,与更广泛的社会系统如政治、经济、意识形态等之间产生信息的传播,形成更大的系统。

（二）马莱兹克的系统模式

马莱兹克系统模式是指1963年德国学者马莱兹克的大众传播场模式,它主要提出的是系统条理性和严密性。马莱兹克认为,大众传播是在一个"场"内进行的,该场域包括各种社会影响力,并且在各种影响力的交互作用下,会产生不同的集结点,每种影响力在不同的环节又会产生不同作用,产生制约或者加强等作用。比如影响和制约传播者的因素有传播者的自我印象、个性结构、社会环境、所在组织,信息的压力或约束力等;而影响和制约被传播者的因素有被传播者的自我印象、人格结构、社会环境、信息内容的效果或影响等;影响和制约媒介与信息的因素有传播者对信息内容的选择和加工。

因此,文化传播极其复杂,即便是解释单一传播过程,也必须对涉及的各种因素或影响力进行全面系统的分析。马莱兹克模式是从社会心理学角度研究大众传播的总结,比较系统、全面、合理,但没有进行作用强度或影响力的差异分析,很难抓住主要矛盾。

三、传统体育文化传播模式构建的原则

传统体育文化的传播,是在借鉴文化传播过程模式和系统模式的理论基础上,建构出符合传统体育传播文化的一种特有传播模式。在构建的过程中,需要遵循一些基本原则。

（一）注重感官的创新

传统体育文化在发展过程中,会有因循守旧的倾向,尽管体育文化有着丰富的精神内涵,但是其外在并没有与时俱进的发展,甚至常常都给人以落后的、过时的感官体验,显然这对广泛传播是非常不利的因素。在流行文化竞相吸睛,挖空心思博得眼球的时代,传统体育文化必须适应时代的发展特性,在传承传统体育文化优良内在精神价值的同时,也要注重感官的创新,这是促进传播的重要因素之一。

尤其是今天的新媒体时代,大量的视频媒体会更加凸显视觉的、感官的元素,因此,传统体育文化的传播设计,需要从提升其视觉感染力

第四章 我国传统体育文化的传播理论与保障

开始,采用更多创新的手段,在凸显传统体育文化精神内涵和文化属性的同时,还要加强其外在特色,增强传统体育文化的影响力,使其形象深入人心。

(二)拓展宣传渠道

传统体育文化本身具有多元的文化属性、功能属性以及价值属性,在进行传播的过程中,需要选择多种不同形式的媒体,开发多种宣传途径,才能够更加全面地体现每一项传统体育运动及其文化的特色,并彰显出不同历史阶段所产生的不同文化内涵。通过先进的音频技术、视频技术、3D 技术以及人工智能技术的辅助,使传统体育文化的魅力得到进一步加强,并根据不同宣传渠道的特点制作符合该渠道的宣传资料,从而使宣传更加有效。

总之,在拓展宣传渠道的过程中,也会刺激传统体育为了适应各种渠道的要求,不断进行文化形象包装,并深度开发传统体育运动的宣传维度,从而不断提高传统体育运动的辨识度,吸引更多的人,使传统体育运动及其文化得到充分传播。

(三)增强文化体验度

实际上,真正能够推动传播持续、有效进行的仍然是传统体育的文化内涵。因此,在构建传统体育文化传播模式的时候,在进行感官创新、拓展宣传渠道的同时,更重要的是加强传统体育文化的精神内涵,增强文化体验度,促使大众能够轻易地就捕捉到传统文化的深刻价值,这是促进传统体育文化顺利传播的重要条件之一,也是构建传播模式的重要原则。

四、传统体育文化传播模式的实施策略

(一)为传统体育文化设计全新的形象

传统体育文化的传播实施,首先要考虑的问题是,如何以当代人更容易接受的方式进行呈现,特别是如今的自媒体时代。社会竞争异常激烈,人们生活压力大,而且各个媒体都绞尽脑汁争夺用户的注意力。反观传统体育文化,基本上还在延续着以往的旧有形式,就显得特别被动。

在这样背景下,要加强对传统体育文化形象的设计,必须突出传统体育文化的全新形象,从而争夺更多的注意力,保证宣传内容和传播方式能够被受众所接受。

总之,基于互联网时代的传播特性,通过加强对传统体育文化的创新性与新颖度的提升,为传统体育文化设计出全新形象,从而迎合受众的感官需求,达到预期的传播效果。

(二)开发多媒体运营传播模式

传统体育文化的传播从根本上还是要建立广泛的、稳定的多媒体运营系统,比如设计传统体育专项运动的网站、APP,在大众传播媒体建立专项运营账户,从而产生各种层次、各种维度的传统体育宣传矩阵。

另外,传统体育文化有时会给人以高冷的感觉,尽管传统文化本身源自民间,但是随着时代的变迁,文化的流转,现代人对传统文化会持有一种疏离感,似乎离当前的日常生活太遥远。因此,建立传统体育文化传播模式的时候,还要注意拉近与受众之间的距离。比如在直播当道的今天,传统体育文化也可以选择直播等形式,比如在当前非常火热的视频平台抖音、小红书、B站等,选择更加亲民的手段与大众建立起更加密切的联系。

(三)构建线上线下的媒体交互机制

线上线下交互的传播模式是当前最主流最有效的传播手段,一方面可以借鉴线上的便利性和即得性,可以穿越时间和空间的限制,能够将传统体育文化传播到地球的任何一个角落。而线下媒体则能够创造一个真实的传统文化体验环境,让人们能更加直观地感受到传统体育文化博大精深的魅力,因此才会更加深入人心。

总之,通过线下线上的媒体交互形式,可以有效地提升传统体育文化的传播效果与传播效率。

第四节 传统体育文化传播的制度保障

我国的传统体育文化具有丰富的沉淀积累和悠久的历史,经过多年的演进,发展出合理有效的传播系统和传播方式然而也表现出一定的疲态,甚至有些传统体育逐渐消失在人们的视野中。因此,为了及时挽救这一局面,需要建设完善的传播制度,以保障传统体育文化能够持续、稳健地发展,并且得到更加有效的继承与传播。

一、完善体育行政法规

我国传统体育文化的传播,必须建立在完善的法治环境下,用法律法规的强制性和威慑力为传统体育进行保护,让传统体育文化得以更加广泛地传播。如果法律法规的缺位,会导致传统文化更多地只能靠民间自然自发地传播和传承,而在当代文化和竞技体育文化的强势冲击下,传统体育文化的生存空间就会越来越小,因此必须及时从宏观和微观上进行调整。通过法律法规的建设和加强,建立促进传统体育文化发展的制度保障,在大众群众间广泛地树立良好的法制观念,这是促进传统体育文化传播的首要任务。

具体来说,树立法制观念,进一步完善体育行政法规,可以从以下两个方面着手进行。

(一)加大体育法制宣传力度

法律法规的建立是为了保障传统体育文化的传播,为了能够促进我国传统体育文化更加顺利地、广泛地传播,制定和实施一套科学健全的体育系统法律法规制度,是工作开展的前提。另外,法律法规建设好之后,进行全面的宣传教育工作也是工作的重点内容之一。

通过全面开展全社会的关于传统体育文化法律法规的普及和推广,让更多的人认识到传统体育文化的魅力,感受传统体育文化所具有的文化价值、精神价值和实用价值,让更多的人开始了解和熟悉传统体育,并且参与传统体育相关的活动,培养兴趣,习练技能,并且逐渐达到全民具有一定的传统体育文化传播的法治观念。

另外,在加强传统体育在国内的传播之外,还要逐步将传统体育文化向国际传播,学习我们的邻国日本、韩国的成功做法。比如日本的柔道、韩国的跆拳道,以及泰国的泰拳,都已经成功地推向国际,并受到广泛的欢迎。实际上,我国拥有大量的传统体育资源,比如太极拳、咏春拳、少林功夫等,在未来具有广泛的发展空间,其深厚的文化底蕴应该获得更多人的喜欢和支持。

(二)立法保护传统体育活动

通过科学、及时的立法保护,能够促进我国传统体育活动的传播,增强社会大众对传统体育活动的认识,从而为普及和推广传统体育活动铺平道路。通过立法手段,可以有效影响和调整大众的社会生活,并且让这种社会生活处于某种适合人们需要的状态,当大众逐步将传统体育活动当作生活追求的一个目的时,达到比较理想的状态。

二、传统体育立法的原则

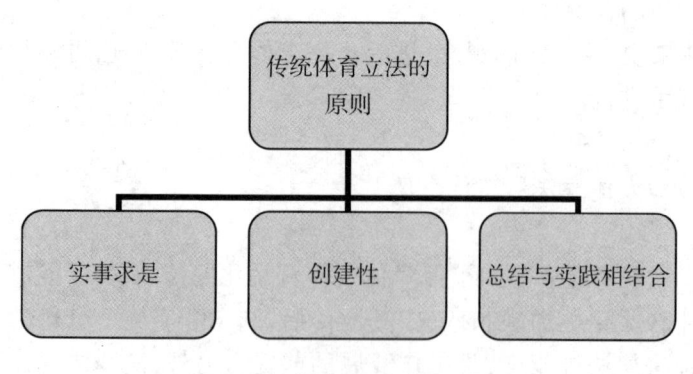

图 4-2 传统体育立法的原则

第四章　我国传统体育文化的传播理论与保障

（一）实事求是

实事求是原则是我国所有法律制定工作中的指导思想和实践路线。坚持一切从实际出发，坚持理论联系实际，才是辩证唯物主义的最直接体现，这在我国法制工作中处于核心地位。具体来讲，在实际运用中体现为以下几个方面。

（1）我国传统体育的立法行为是从我国传统体育现状这一实际情况出发的。因此，这是实事求是原则的首要体现，也是保障立法时效性的重要前提。

（2）我国传统体育立法应遵循我国当前经济发展现状和改革开放发展的需要。

（3）我国传统体育立法过程是在大量掌握客观事实的基础上发展起来的，广泛组织专家进行调查与研究，深入传统体育的第一线，与传统体育的从业者和研究者进行深入的交流。诸如此类都是实事求是原则的具体表现。

（二）创建性

传统体育文化传播的立法还应该遵循创建性原则。立法的创建性是指立法者应持以发展的眼光，根据社会发展的趋势以及事物发生发展的客观规律进行立法，从而有计划、有步骤地形成新的行为模式和规则，建立新的法律关系。

具体而言，在传统体育的立法过程中坚持创建性原则，是指既要做好对当下实际情况的实地调研工作，也要做好立法的预测工作，通过相关学科知识对传统体育信息加以分析，并预先认识和把握民族传统体育立法事项的质与量。通常需要从以下几个方面着手进行。

（1）要很好地把握整个体育法制建设的发展状况，并且以此为总预测，来从宏观上积极指导传统体育法规的创制。

（2）对我国传统体育的发展规划要有深远的认知，并将核心产业的立法作为立法预测的重点。

（3）要以当前的局势为主要依据，将预测的时间确定下来。

（三）总结与借鉴相结合

在进行立法的过程中，还要遵循总结与借鉴相结合的原则。该原则是指，我国传统体育的立法工作需要对传统体育发达国家以及其他体育项目立法的经验加以总结，并根据我国传统体育发展的现状，以及立法活动所处的阶段进行正确分析，科学地进行借鉴，吸收他国传统体育立法的成功之处，对于适合我国国情的法律条文可以直接移植。要摒弃其与我国国情不相适宜的部分，杜绝肤浅照搬的做法，而应该选择性地吸收优秀的、适合我国国情的经验，从而加强我国传统体育立法的合理性、科学性和时效性。

三、传统体育立法的内容建议

制度保障对于发展传统体育来说是十分必要的，但是在具体的实践工作中，制度的保障又是一项非常复杂的工作，因为会涉及许多方面，既要全面又要有所侧重，才能保证立法有法可依、有法必依。那么在内容的选择上，可以有针对性地采取以下几个方面的建议。

（一）加强保护性立法

传统体育在近些年来表现出的发展疲态与立法保护不足有着内在关系。实际上，我国的《体育法》第十五条规定："国家鼓励、支持民族、民间传统体育项目的发掘、整理和提高。"可见国家对传统体育一直都是非常重视的，只不过由于改革开放以来，社会经济发展成为最强的推动力，举国上下都全力发展经济，以提升我国的综合国力以及提高人民的物质生活水平为主要目标。而传统体育及其文化的发展受到忽视。

当前，中国正在为从大国发展为强国的伟大使命而努力，此时，正是发扬传统文化的最佳时机，而通过完善传统体育的立法内容，是最为有利的一个手段。

第四章　我国传统体育文化的传播理论与保障

（二）开展全民健身立法

20 世纪 80 年代初，国家民委、国家体委就将积极提倡、改革提高、加强领导、稳步发展民族传统体育的方针明确提了出来，并且强调要对民族、民间传统体育项目的发掘、整理和提高加以重视。《体育法》以立法的形式更是将这一内容进一步明确下来。

全民健身立法的推出，也是对传统体育发扬与传播的重要支持。全民健身其实也就意味着从儿童到老人，从学校教学到休闲娱乐等全方位推广体育运动。而与竞技体育相比，中国传统体育在养生与休闲锻炼方面更具优势。比如太极拳、八段锦、五禽戏、太极剑、健身气功等，都非常适合大众在日常生活中习练以达到健身强体的目的，而且无论年龄性别、男女老少都能找到适合自己的传统健身项目。

具体而言，可从以下几方面着手。

（1）要优先保护那些濒临失传的传统体育运动及其文化。

（2）对传统体育文化的传播还应注意辩证地继承与发扬，要加强那些健康的、科学的传统体育项目的收集和整理工作，要敢于将其中的不足与糟粕进行去芜存菁。

（3）对传统体育文化进行科学化、规范化的整理，并且结合当前社会的文化特性，有选择地将我国的武术、赛龙舟、放风筝等一些民族民间体育项目推向世界。

四、加强民族自治地方立法

我国的传统体育运动有相当部分集中在少数民族地区，为了加强对传统体育文化的保护，国家在《体育法》的第六条有特别规定："国家扶持少数民族地区发展体育事业，培养少数民族体育人才。"

国家从立法角度对少数民族文化进行保护，这与我国的国情有密切关系。我国是一个多民族的国家，在历史上，各个少数民族创造了光辉的民族文化，其中传统体育更是其中非常重要的一部分。通过加强民族自治地方的立法，可根据各少数民族的特点和需要，帮助各少数民族地区加速经济和文化的发展。

（一）民族自治地方的体育立法

许多传统体育运动其实都是长期在少数民族聚集地区进行发展和传承的，它已经成为当地人民的一种生活方式，是该民族文化生态中的一个组成部分。通过对民族自治地区的体育立法保护，不仅仅是对传统体育运动本身的保护，而且也是对当地文化生态的保护。具体而言，在立法中应注意以下几个方面。

（1）民族自治地方的体育立法要进一步加强。

（2）加快建立权责明确、监督有效、行为规范、保障有力的体育行政执法体系，使民族自治地方相关行政机关的执法权限和执法地位得到进一步明确，推行体育行政执法责任制，加强联合执法。

（3）完善民族自治地区体育工作制度，严格按照法定程序履行体育行政许可、行政检查监督、行政审批、行政处罚等各项职能，使体育行政复议、体育行政诉讼制度建立起来并得到进一步完善。

（二）针对民族自治的特点制定单行条例

我国拥有56个民族，每个民族的民族特色各有千秋，在进行民族自治立法时，就要充分考虑到对每个民族要进行有针对性的保护，而制定单行条例是最佳方式。民族条例是民族自治地方的人民代表大会根据立法法、宪法和民族区域自治法，是以当地民族的政治、经济、文化特点为主要依据制定的，并上报法定机关批准的，部分地调整本地方内的民族关系的单项自治法规。

在具体的实践中，要以《中华人民共和国民族区域自治法》和有关法律法规为主要依据，同时还要充分结合本地域传统体育的特点，制定出《民族传统体育保护发展条例》。其内容应与自治地方的风俗习惯、民族素质、民族性格、发展水平等之间有着一定的相关性，并应创设现行法律规范中没有设定的权利，也包括对现行法律规范的变通。

第五节　传统体育文化传播的人才保障

传统体育文化的传播,最终还要落实到人才上。因此,本节将从传统体育文化传播的人才保障展开研究。

一、构建高校传统体育人才培养模式

培养人才最重要的阵地就是高校,在传统体育的传播过程中,对相关人才的要求是比较高的,比如要具有基本的人文素养、专业素养以及出众的实践能力。对此,高校应根据当前的发展需要,设置相应的学科,为培养专业、优秀的传统体育人才做好准备。

并且,还要注意随着发展的需要,不断增补和完善专业的设置情况,以保证所培养出来的人才符合传统体育文化发展的需要,从而有效地推动我国传统体育运动及其文化的传播与发展。

在这一过程中,有关学者结合该专业的开展情况而构建了"四三三"民族传统体育人才培养模式,如图4-3所示。

"四三三"民族传统体育人才培养模式中"四"指的是四元融合,第一个"三"指的是"三位一体",第二个"三"指的是"三维协同",具体分析如下。

（一）四元融合

四元融合其实就是将教学中的教学内容、教学方法、教学手段以及教学评价四个部分进行充分的协调与融合。在设置传统体育专业课的时候,非常注重实践性和融合性,因为传统体育专业课所培养的目标人才是为保护与传播传统体育文化而进行的,因此需要他们不仅有全面的专业理论知识、文史知识、艺术知识以及综合体育知识,而且更重要的

是要具备出众的实践能力，将来进入社会之后，能够承担起传播与传承的重任。

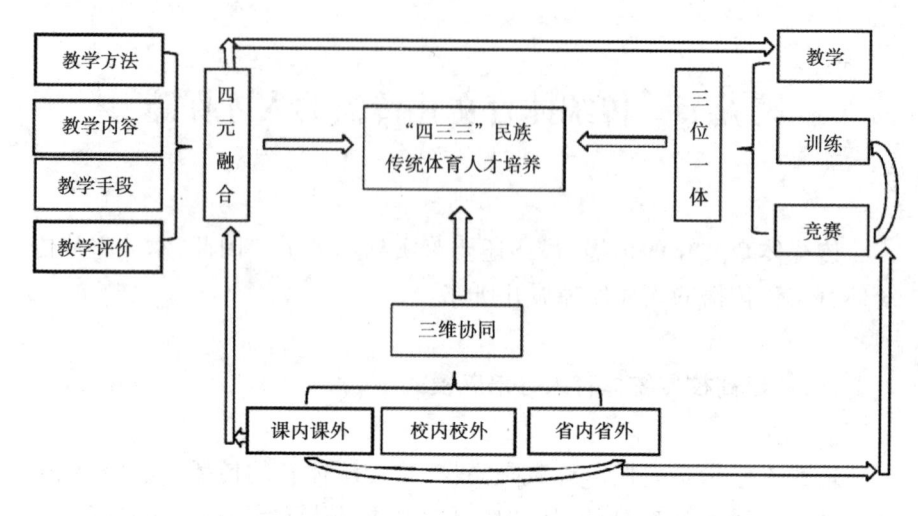

图 4-3 "四三三"民族传统体育人才培养模式[①]

总之，高校应该根据本地区的独特情况，创建相应的传统体育专业，既要考虑到充分保护该地区的传统体育文化，又要考虑到学生未来进入社会后的综合能力和就业问题。因此，从另一个角度来看，高校在传统体育专业的设置中，具有较大的自主性和灵活性，进而可以产生一定的创新，为传统体育文化的传播拓展更多的可能性和更大的空间。

高校传统体育课程体系既要体现出专业性，也要彰显学校的办学特色，在完善特色化民族传统体育课程体系的过程中，要不断改革与优化民族传统体育教学内容、教学方法手段以及教学评价模式，具体思路如图4-4所示，通过对这些教学因素进行革新，以提高民族传统体育课程质量，进而提高专业人才培养质量。

[①] 蓝建卓.民族地区高校传统体育人才培养路径研究——基于《普通高等学校本科专业类教学质量国家标准》[J].河池学院学报,2020,40（04）:82-87.

第四章 我国传统体育文化的传播理论与保障

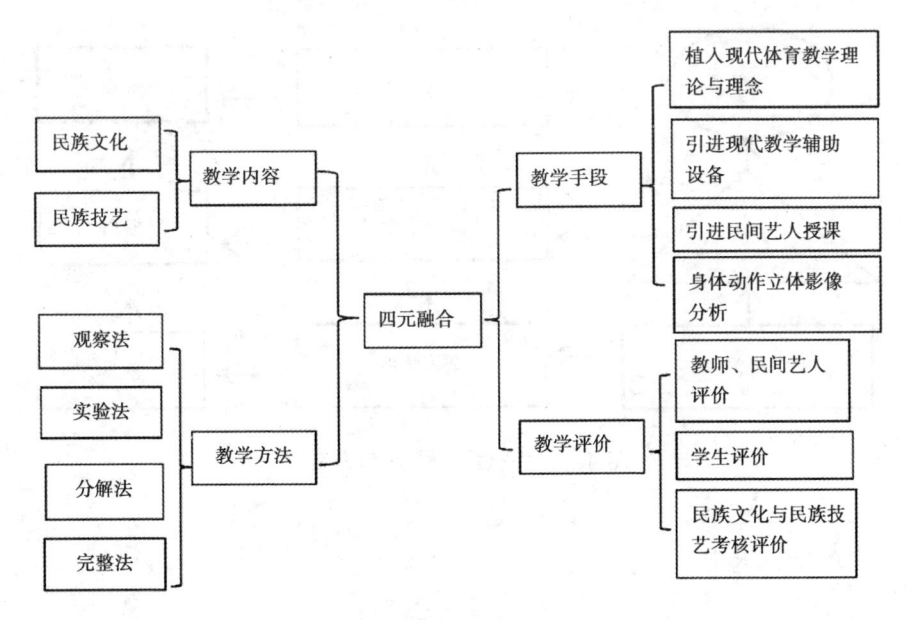

图 4-4 "四元融合"课程体系[①]

(二)三位一体

三位一体指的是在高校传统体育教学中,将教学、训练与竞赛三个方面有机地融合,形成完整的闭环。现阶段,我国高校在培养传统体育人才方面还有很多方面有待完善,比如教学理念落后、教师资源短缺、教学方式僵化等,总之,需要全面地改善。当然,这与多年来缺乏对传统体育人才的培养有关,在认清这些问题之后,从现有的情况逐步落实和改善,制定全新的传统体育人才培养方案,将教学、训练和竞赛相互融合,从而产生更加立体的教学效果。

如图 4-5 所示,通过科学的教学设置,使学生的理论学习与社会实践相衔接,从而提高人才专业化水平的培养目标。

---

① 蓝建卓. 民族地区高校传统体育人才培养路径研究——基于《普通高等学校本科专业类教学质量国家标准》[J]. 河池学院学报,2020,40(04):82-87.

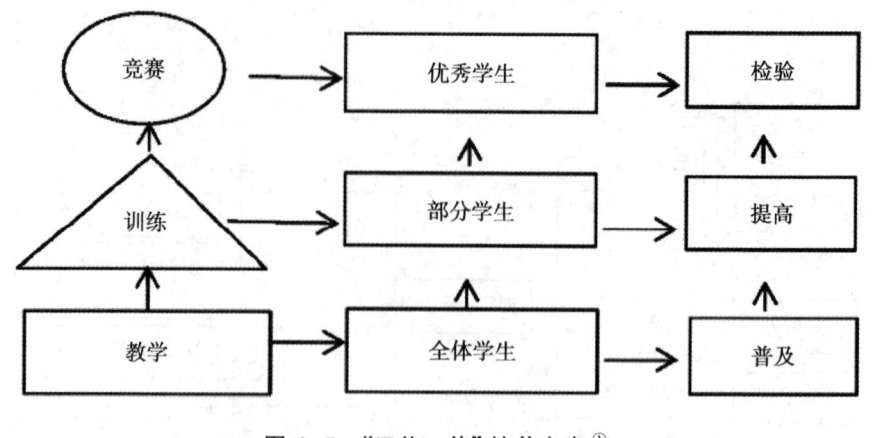

图 4-5 "三位一体"培养方案[①]

(三)三维协同

三维协同是指,在高校的教学中,要努力提升学生的核心素养,不断完善人才培养制度,健全人才培养的保障机制,以保障人才培养质量与水平。在人才培养中,要对高校教育资源进行优化配置与高效利用,要注重对培养对象主观能动性的激发,重视对培养对象创新能力的培养,更为关键的是,要结合社会需求和学生的就业需求而创建三维协同的培养机制,包括课内与课外的协同,校内与校外的协同以及省内与省外的协同,如图4-6所示。三个维度的协同有助于促进人才培养平台的拓展,提高人才培养效率及效果,并能够使高校民族传统体育专业学生的社会服务能力以及创新能力得到有效提升。

---

① 蓝建卓.民族地区高校传统体育人才培养路径研究——基于《普通高等学校本科专业类教学质量国家标准》[J].河池学院学报,2020,40(04):82-87.

第四章　我国传统体育文化的传播理论与保障

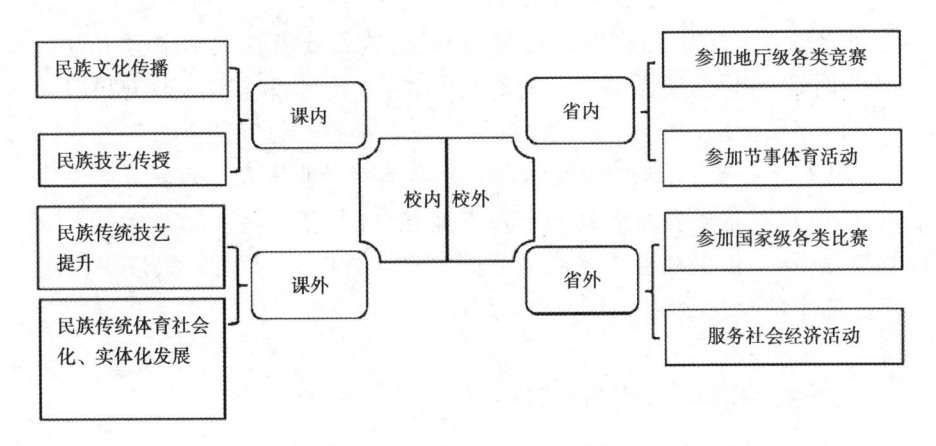

图 4-6　"三维协同"培养机制[①]

二、科学处理基础教育和专业教育的关系

(一) 基础教育的地基要稳

传统体育专业的专业设置,需要建立在扎实全面的基础教育的基础之上,因为毕竟传统体育专业人才是一批有能力、有理想的复合型人才。基础文化知识是一个人的综合素质基础,也是进一步学习专业知识的必要准备。传统体育文化博大精深,如果学生基础知识的地基不牢,那么在学习专业知识时也会影响学习效果。因此,高校在培养传统体育专业人才的时候,首先要做的是对学生基础文化知识和学习能力的培养。在课程设置上,要包含文学、历史、地理、艺术、政治、经济等多学科,并且做到灵活教学,避免生硬的机械化学习,最后只学到一堆离散的知识和技能,却并没有灵活地将知识融会贯通,成为自己的能力。

(二) 专业教育要做到专精

在做好基础知识的准备之后,就要开始进行专业课教学了。对传统体育学生的专业教育,要根据不同专业的需要做深入的培育,尽量能够

---

① 蓝建卓.民族地区高校传统体育人才培养路径研究——基于《普通高等学校本科专业类教学质量国家标准》[J].河池学院学报,2020,40(04):82-87.

做到让每一个学生都成为该领域的专家,这就要求在教学中努力做到"专"而且"精"。要做到专业的精与专,首先要具备扎实的理论知识和健全的知识结构,并且还要具有超强的学习能力和创新能力。

针对这一要求,高校传统体育专业在培养专业化人才和复合型人才时,要注重对基础教育的延伸以及专业教育的拓展,将人文教育融入专业教育中,并根据社会需要而灵活调整专业方向及课程体系,以提高民族传统体育专业学生的社会适应能力。

三、注重学科的交叉与渗透

高校传统体育教学要加强对学生的综合素质和能力的培育,这就需要在教学中注重学科的交叉与渗透,而不是像以往那样,各个科目的教师只负责教授自己的课本,而涉及与其他课程交叉的部分则一笔带过。实际上,知识只有经过筛选并融会贯通才能发挥价值。因此,要从教师的教学理念开始,强化先进的、科学的教学思想和教学方法,主动帮助学生将相关学科的知识串联起来,引导学生逐渐培养出更加符合社会实际需要的学习理念和学习方法。

在社会实践中,传统体育文化覆盖了多个领域与学科的知识。因此,还要培育学生能够从更大视角看待自己的专业,既能发展成为一名某一传统体育领域的专家,同时还要不被专业局限,能够从更多的角度对该领域进行解读和理解。

四、采用校企结合的培育路径

培育传统体育专业的人才时,更加应该注重"校企"合作的模式进行教学。因为传统体育文化专业与其他专业最大的不同在于,传统体育文化是一门非常复杂的综合学科,既要求学生有扎实的综合理论基础,又要培育学生掌握多种实践能力。这也就意味着,学生要经过大量的训练和实践才能实现这一目标。"校企"合作的教学模式实际上就是为学生创造足够的社会实践机会,从而才能真正地保障人才质量。

第四章 我国传统体育文化的传播理论与保障

（一）设立专门的机构

国家应鼓励高校传统体育专业与社会相关企业达成合作，或者由政府出面，建立专门的组织机构，由高校和企业共同参与管理，目的是加强高校与企业的交流，将现实工作中的实际情况及时、如实地反映到高校的教研室，进而为教学提供现场资料，有助于培育出更具时效性的专业人才。

建立专门的组织机构后，最重要的是加强校企沟通合作的渠道和机制，实现人才培养和市场需求的无缝连接，明确各部门的职责，做好协同与配合工作，从而大大提高组织机构的服务能力和服务质量，最终培养出优秀的民族传统体育人才。

一般地，校企合作的专门组织机构由高校传统体育专业院系的领导和企业高层管理者组成，双方应加强沟通、把握大局，创建培养优秀传统体育人才的有效路径。

（二）构建科学培养模式

科学的培育模式建立在高校能够科学安排教学、对各个专业的合理设置，以及与企业间能够充分发挥各自的资源优势等基础之上。

首先，高校在建立各个学科专业时，要做好充分的研究工作，根据自身的资源情况，对每一个传统体育专业的理论研究基础做好评估，做好对当前社会的实际需要以及是否具有相应的师资力量等全面的、科学的评估，从而建立符合自身水平和社会需要的专业。

其次，专门的机构应为学生建立实习基地，从社会的实际需要出发设置实习岗位，并对学生的实践情况给出全面的、科学的评估，从而让他们对自身的专业能力有直接的认识，并在接下来的学习和工作中能够更有针对性地补充自己的专业水平。

最后，在对人才的培育过程中，高校还要对此进行分析和研究，并建立一套完整的人才培养体系，从而提升人才培养效率，并为我国传统体育文化的传播提供更为坚实的人才保障系统。

（三）建立与完善激励机制

管理"校企结合"的组织机构中，应该采取科学的管理方式，从而让组织的效能得到最大发挥。比如，可以建立一定的激励机制，采取一些奖励措施，从而能够充分地调动各方的积极性，进而为学生营造出新鲜的、高效的实践环境。

作为高校一方，可采取以下激励措施。

（1）将校方组织部门人员的绩效与学生的实践成果挂钩，并要求学生为实习活动进行评分。

（2）对于在实习过程中表现优越的学生，可以给予一定的奖励，并且有机会毕业后被推荐至重要的机构、企业工作。

作为企业一方，可采取以下激励措施。

（1）参与给校企合作专门组织机构的中高层管理者发放额外的薪资奖励，激励其日后能够为企业搭建更多的合作平台，挖掘更多的人才资源。

（2）对校企合作专门组织机构人才培养做出稳定贡献的管理者，应受到国家向相应机关的表彰，可评为保护传统体育文化先进个人等。

（四）加强与媒体的互动与合作

在信息时代，要充分利用好传媒的强大功能，为新时代的人才培育赋能。自从进入移动互联网时代以来，每个人获得信息极为便利，而且有多种不同的渠道可以选择。校企合作专门组织机构应顺应时代的发展特性，积极主动地开发和利用传媒的能量，促进人才的培养。比如，可以借助媒体的力量，将武术与民族传统体育专业的精彩表演画面通过电子设备屏幕呈现给大众，一方面提高媒体的收视率，另外一方面也扩大了学校与企业的知名度，从而稳固了校企合作的基础。

（五）提高校企之间的合作力

要提高校企双方的合作力，就应该注重合作协议的拟定与签署，通过协议明确合作双方各自的权利、义务以及需要承担的法律责任，通过法律渠道监督与约束双方行为,通过法律效力提高双方在合作内容上的执行力,从而保持长久合作。双方只有不断完善协议,才能尽可能预防意外事情发生,切实提高合作力,提高合作培养人才的效果。

第五章　我国传统体育文化的多元传播路径

我国传统体育文化有着非常丰富的内涵,是人类文明的宝贵结晶,是取之不尽的文化宝藏。但是文化的价值需要在传承与传播中存续,因此加强体育文化的传播路径具有深远意义。本章将从我国传统体育文化的学校教育传播路径、我国传统体育文化的产业化传播路径以及我国传统体育文化传播的心理路径三方面展开研究。

第一节　我国传统体育文化的学校教育传播路径

学校教育是传承传统文化的最主要场所,因此,在体育教学中,充分融入优秀的民族体育项目和传统体育文化,是提升我国青少年学生爱国情感的主要手段,也是为国家培育未来合格接班人的重要路径。

一、传统体育是中国传统文化传播的重要载体

我国的传统文化博大精深,在许多方面都有所呈现,而传统体育是文化形态最为完整,文化内容最为丰富的典型代表。因此,可以说我国的传统体育是中国传统文化的重要载体,进而在文化传播过程中发挥着不可替代的重要作用。

第五章　我国传统体育文化的多元传播路径

（一）传统体育蕴含着丰富的传统文化

传统体育文化是在一个国家及其民族经历世世代代繁衍生息的过程中逐渐发展起来的。我国是一个多民族国家，特别是在少数民族聚集地区，由于其文化生态被破坏得较少，当地的群众依然保留着祖辈的生活方式和生活习惯，这使得一些传统文化得以完整地保存和流传下来。而传统体育文化，不仅具有体育项目内容，还涉及民族信仰、民族历史、民族风俗等许多内容，因此，蕴含着丰富的中国传统文化。

（二）传统体育是古代文化传承的载体

传统体育在中华民族的历史上，一直都发挥着重要的文化传播作用，是中国传统精神文明传播的载体。比如舞龙舞狮文化，从古代开始，就是盛大节日中最隆重的庆典活动，凝聚着深厚的民族情感。通过这一类传统体育项目，中华民族的历史典故、哲学思想、风俗习惯等都被完整地保存下来。尽管这些传统体育项目在当今已经不像以往那么普遍，现代人有了更多的运动选择和丰富的文化娱乐项目，但是，任何运动和娱乐形式永远都无法替代具有多重文化内涵的传统体育项目。

如今，现代社会的生活方式与以往相比，已经发生了巨大的变化，传统体育活动在现代人的生活中所占比例越来越少，很多年轻人对传统文化是生疏的，甚至是不屑的。因此，学校作为传承文化的重要场所，应该承担起传承传统文化的责任。在学校的教学中，包括9年义务教育和高等教育，都应该加强对传统体育活动及其文化的教学，让广大的青少年有机会认识和了解我国灿烂的体育文明，并积极主动地去发扬和传播传统文化。

二、我国传统体育文化传播价值的实现

我国传统体育文化传播的实现主要通过传统体育课程、加大传媒利用效率以及积极与社区开展合作三个主要途径。

（一）开设丰富的传统体育课程

在高校的教学中，应该加大传统体育课程教学的力度，从拓展教育途径、增加教学内容等方式来加强对传统体育文化的有效传播。各个高校应根据自身的师资情况，以及所在地区的传统文化特点，经过综合评估和筛选，选择最适当的传统体育项目作为教学内容，从而逐渐加强对学生传统文化的熏陶和教导，这既是体育教育目标的实现和体育课程改革的深入，也是对传统体育文化传播的实现。

在教学中，还应注意从意识、理念和具体操作等多方面同时着手。比如，在一些高校曾出现这样的情况，将传统体育教学作为一种任务，或者是标签，实际上并没有真正把心思用在如何传承传统体育文化与传统体育教学上。比如，有些学校仅仅在乎学校的品牌，只是重点培养个别的种子选手，目的是通过让这些学生参加各级比赛，夺得奖牌与名次，从而为学校增光。这其实又再现了奥运的金牌战略模式。如果不能及时意识到并摒弃掉这种过时的体育教学理念和教学模式，那么即便学生获得再多的奖牌，也与传统体育文化的传承无关，仅仅是为了"面子工程"。

总之，高校应该从根本上端正教学态度，对传统体育活动及其文化进行系统的、广泛的、深入的教学，使传统体育活动成为学生体育学习的重要组成部分，并且能够在日常生活中自觉习练，培养真正的兴趣，进而养成终身运动的意识和习惯，只有这样才能保证传统体育项目及其文化的持续、稳健传承。

（二）利用传播媒介加大传播力度

另外一条传播传统体育文化的重要途径，是加强对现代传播媒介的利用。当代的学生对网络、多媒体、自媒体等传播媒介是非常熟悉的，他们从小的生活与学习中就习惯了借助各种通信设备沟通、交流、获得信息以及进行学习。传统的媒介如书籍、报纸、杂志、电视、广播，多媒体媒介如微博、微信公众号、短视频平台等。这些媒介涵盖了文字、图片、视频、动画等多种形式，而将这些媒介形式结合起来，就可以完整地传播传统体育活动及其文化。

21世纪是信息时代,信息网络铺天盖地遍布生活和工作的每一个角落,而如果能善于利用这些时代的便利条件,让它们成为传播传统体育文化的途径,则可以达到事半功倍的效果。

(三) 与社区的互动

当前的高校教育还提倡让大学生尽早接触与适应社会,鼓励学生们要敢于走出校园,在复杂的社会环境中实践自己所学的知识和技能。高校体育教学也应该及时采纳这一教育理念,促进学生在学中做,在做中学。比较常见的方式是,学校与社区合作,鼓励学生走进社区,大面积开展与社区之间的互动,也许是今后高校体育发展的一个重要模式。

实际上,传统体育的根源就在普通大众的日常生活中,因此,鼓励学生走进社区开展传统体育活动,是追本溯源的一种体现,无论是理论上还是实践上,都是合情合理的,是符合逻辑的。

而且,让学生走进社区开展传统体育活动,也是一种优势互补的体现。比如,社区的优势是有广阔的施展空间,蕴藏着丰富而宝贵的文化财富。而学生年轻气盛,具有旺盛的好奇心,而且行动力强,在一定程度上能够为社区增添活力。因此,大学生与社区的互动既可以领会博大精深的传统体育文化,又可以推进他们的社会化进程,可以说不无裨益。

但现实的情况并不理想,在高校与社区之间还有很多障碍需要克服。比如,高校还未能走出象牙塔,放低身段积极主动地与社区建立联结。而社区也缺乏与高校合作的热情,各自停留在自己摸索的阶段。现有的互动主要是一些竞技比赛,例如,龙舟比赛、舞龙舞狮比赛等,但是这些竞赛没有形成对传统体育文化的下沉式深度合作,要么竞技性太强,要么商业气息太过浓烈,并没有形成真正的互动。

三、我国传统体育文化教育传播的建议

(一) 将传统文化与传统体育相结合

在高校的传统体育课程建设中,传播传统体育运动的技能是最基本

的教学内容，与此同时，还应该在体育运动中，融入传统文化内涵，让学生在学习的过程中能够全面地感受传统体育的魅力，进而领会中华传统文化的精髓，只有在这样的基础上，才能让学生对传统体育产生深刻的理解，对传统文化产生切身的认同感，使传承成为水到渠成的事情。

（二）创建优秀的传统体育教学体系

随着新课程改革的不断深入，以学生全面健康发展为核心理念，学校推广和开展优秀民族传统体育项目，普及和宣传优秀传统体育文化是新时代素质教育和校园文化发展的必然趋势。校园作为文化传播和传承的重要场所，通过学校体育教学将优秀民族传统体育文化引入校园文化建设当中，利用教育资源优势，大力宣传优秀民族传统体育文化，丰富体育教学内容，使传统体育文化独有的魅力和高超的技术得以再现和发展，完善具有中华民族特色和弘扬爱国主义精神的体育课程体系，激发广大青年学生对优秀民族传统体育文化强烈的求知欲和学习动机，提升课堂教学质量，发扬和传承优秀民族传统体育文化，让优秀民族传统体育文化所包含的娱乐性、群体性、艺术性等元素融入体育教学当中，突出传统体育项目主体地位，促进学生在氛围浓厚的校园文化宣传和体育课堂教学中德智体美劳全面发展。

（三）建设一套完善的传播管理机制

作为我国高等教育机构，高校有义务也有能力建设一套完善的传播媒介管理机制，通过合理的资源管理，为学生创造更加有效的传统体育学习氛围和练习环境，促进学生自觉自动地习练传统体育运动，并有能力将自身掌握的有关传统体育文化的信息与他人交流，互相学习互相促进，从而达到让传统体育文化普遍传播的目的。

（四）通过创新增强学生的学习动机

在高校传统体育的教学中，还应注意加强创新，不断激活学生的学习热情，让学生具有持续的学习动机。比如学校可以增加传统体育项目的小组活动、俱乐部活动以及竞赛活动等，提供多种学习的渠道，让学生有机会进行实践,注重传统体育文化的弘扬和继承。比如,要注重比赛的过程而非比赛的成绩,鼓励学生大胆尝试和习练自己感兴趣的传统体育项目,不要有成绩的顾虑,而是以自身的热情与能力为出发点,感受传统体育的魅力,领会其中的文化内涵,这是学习传统体育的最主要目的,而不是为了获得高分,或者拿到竞赛的奖牌等。

(五)加强传统体育师资队伍的建设

培养和加大传统体育项目师资,引进民族传统体育项目在校园内的有序推进,离不开专业教师和优秀教练员的引领,民族传统体育项目在校园开展得好坏与否,师资队伍是关键中的关键,要引进素质过硬,品格高尚并且热衷于民族传统体育文化校园传承与发展事业的优秀人才加入师资队伍当中,让学校教育和民族传统体育项目专项人才有机地结合在一起,才能让优秀的民族传统体育文化得到长远的发展和壮大。

第二节 我国传统体育文化的产业化传播路径

如果想让传统体育文化得到持续稳健的发展,还需要开辟其产业化发展路径。只有产业化才能使传统体育在市场经济中占得一席之地,从而能够凭借市场的看不见的手进行有效调节,使传统体育健康、稳健地发展下去。

一、传统体育产业概述

(一)传统体育产业的概念

传统体育产业是生产和提供各种传统体育产品和传统体育服务的各行业总称,其包括传统体育服务业和传统体育相关产业。

（二）我国传统体育产业的结构

随着社会的不断进步和经济的快速发展，人们对传统体育产品与服务的需求也不断增长，为了方便人们更好地参与民族传统体育活动，需加强对传统体育产业结构的优化，向消费者提供优质服务。优化该产业的结构首先要了解其基本构成，如图 5-1 所示。

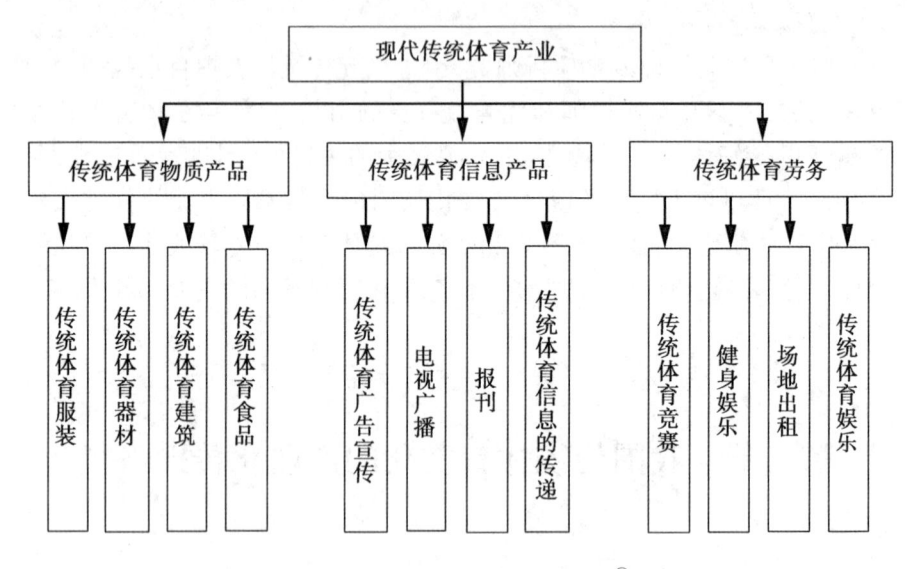

图 5-1 传统体育产业的结构[①]

（三）传统体育产业的经营模式

市场营销学中有一个非常重要的"五种经营观"营销理论，包含生产观念、产品观念、推销观念、市场营销观念和社会营销观念。企业在运营过程中，不管是经营决策，还是组织与管理市场营销活动，都要以"五种经营观"中的市场营销观念为基本指导思想。对于企业而言，市场营销观念是一种经营哲学观，企业是否在该观念的指导下进行经营与管理，直接体现了其态度与思维方式。"五种经营观"中的社会营销观是非常重要的营销观念，该观念要求企业在生产经营的过程中，不仅要考

---

① 田祖国，郭世彬. 民族传统体育[M]. 长沙：湖南大学出版社，2018.

第五章　我国传统体育文化的多元传播路径

虑消费者的需要,还要考虑消费者和整个社会的长远利益。将常见的几种体育产业经营方式分别对应到相应的经营观念中,可以得出传统体育产业结构经营模式,如图 5-2 所示。

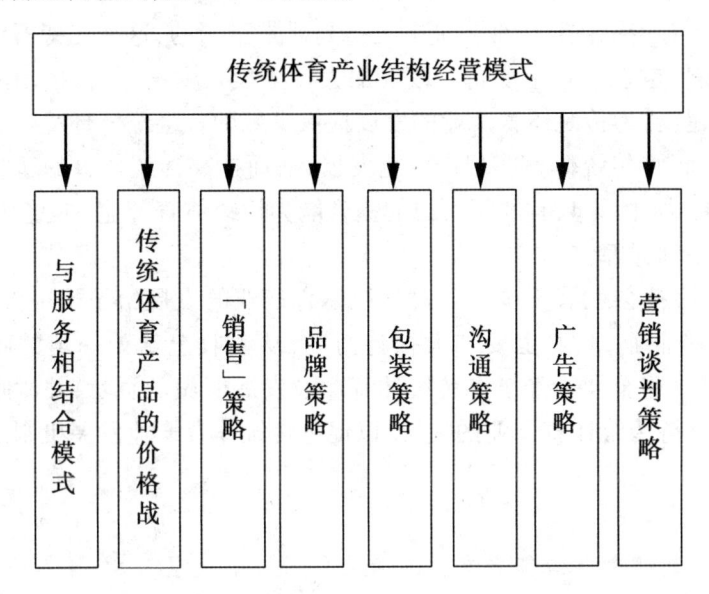

图 5-2　传统体育产业经营模式[1]

从上至下各分支:与服务相结合模式、传统体育产品的价格战、"销售"策略、品牌策略、包装策略、沟通策略、广告策略、营销谈判策略

二、传统体育产业化发展路径探索

(一)与市场需求保持一致

要想加快发展民族传统体育,就要注重改革,加快创新步伐,了解消费者的需求,与市场需要保持一致,刺激消费,拉动消费。在市场营销中,要重点宣传传统体育产品的亮点,突出产品"人无我有,人有我优"的闪亮之处,将民族特色融入产品,以激发消费欲望,使目标顾客的消费积极性被调动起来。目标市场的消费需求是传统体育产业的基础导向,要做好对目标市场与目标消费群体的准确定位,通过多方面的宣传来使消费者更多、更深入地认识传统体育,使其消费欲望不断提升。

---

[1] 田祖国,郭世彬.民族传统体育[M].长沙:湖南大学出版社,2018.

（二）发展地区经济

政府对传统体育产业发展的支持是非常重要的,这种支持不仅包括政策倾斜,也包括资金支持。政府加大资金投入力度,积极推动民族地区经济建设,为传统体育产业的发展提供良好的社会经济环境。通过市场的带动,将传统体育实现产业化发展,从而提高传统体育的适应能力和竞争能力,因为只有经济实力的提升能为传统体育产业的持续稳定发展提供基础保障。

另外,社会上有不少企业对传统体育产业的发展给予了很大支持,对于这些企业,政府也要加大扶持力度,从税收上给予一定的政策倾斜,鼓励这些企业为经济和传统体育产业发展所做的贡献,并激励更多的企业支持传统体育产业的发展,以促进传统体育产业发展机制的不断完善。

（三）重视对传统体育文化的传承

传统体育文化承载着先辈的心血、智慧与汗水,其独特的文化内涵、突出的历史文化价值都值得后代人大力传承。当前我国传统体育文化传承受重视程度不高,很多优秀的文化成果濒临危机,处境危险。而要发展传统体育产业,就必须加强对传统体育文化的弘扬与传承,传承优秀的传统体育项目,记录与保存优秀的传统文化,利用科技手段保护好民族文化,从而为传统体育产业发展提供文化支撑及丰富的资源库。

（四）加强传统体育自主品牌创新

1. 准确的品牌定位

在产业化发展的过程中,必须遵循市场的发展规律,而进入市场首先要做的就是打造品牌。在商业世界中,品牌是商品的定位也是商品的灵魂。就传统体育产业的发展而言,必须顺应市场经济的逻辑,打造出许多具有影响力的传统体育品牌,并且通过不断满足消费者的需要,让传统体育企业在市场上深深扎根,形成健康的、牢固的供求关系。

同时还要意识到,在传统体育产业发展的过程中,仅仅满足国内对传统体育的需求是不够,传统体育的未来一定是走出国门、走向世界,即要努力向国际上传播我国优秀的传统体育活动及其文化,让更多的国外体育爱好者也能感受中华民族的体育文明,然而这并不是一件容易的事。但是,我们有信心——我们的传统体育文化具有强大的感召力和影响力,只要将我国的传统体育产业发展起来,不断地生产出更好的产品,不断地提供更好的服务,随着传统体育产业版图的扩大,相信传统体育文化也会随着增长,最终会遍及世界的许多国家。

因此,要通过打造传统体育企业的品牌,进而发展出传统体育产业化规模,最终实现我国传统体育文化的广泛传播。然而这一切都始于品牌的定位,企业的品牌,不仅具有功能性、标识性的作用,而且也是快速捕捉潜在客户和拓展市场的利器,传统体育文化企业不是普通的文化企业,它们是由我国的传统体育文化做背景,本身就拥有得天独厚的条件,因此要充分利用这一优势,努力打造出众多的具有世界影响力的中国传统体育文化品牌。

2. 加大推广力度

我国的传统体育普遍具有的特点是比较含蓄、内敛,尽管这是中国传统文化的美德,同时也会成为产业化发展中的一个潜在障碍。在意识到这一点之后,就要努力克服这一天然的文化特点,比如通过加大推广力度,使中国传统体育文化增加在市场上的曝光率,拉近消费者与传统体育的距离,进而刺激好奇心和购买力,并通过有效的营销手段来提升品牌形象。

3. 依托传统体育文化提升传统体育形象

我国的传统体育文化发展滞后的主要原因,是近些年来整个社会都忙于经济建设,而疏于对传统文化的传承与打造。体育文化是一个需要长期建设的工程,它不会因为一时的努力或者一时的疏忽而发生质的变化,但是体育企业文化的建设却相对要容易很多。因此,我们可以通过加大投入建设传统体育企业的品牌和企业文化,让传统体育企业在短期内讯速成长,从而带动传统体育文化的普及和传播,而传统体育文化对传统体育文化企业又具有一定的加持作用,从而形成良性的正循环。

在市场经济中,每一个企业都非常重视企业文化的建设,都借此提升企业的品牌形象。因此,传统体育文化企业也不例外,必须在最初就建设好自己的企业文化和品牌,如此才能在市场上站稳脚跟,并不断提升企业的竞争力,以此来不断拓展国内外市场。企业文化是每一个企业在发展过程中的重要精神支柱,企业文化的建设需要经历一个长期过程,需要企业不断地累积、酝酿与探索。

(五)推动传统体育与旅游业的融合发展

1. 构建传统体育与旅游业共同发展的机制

我国当前促进传统体育发展的策略之一,就是大力推广传统体育与旅游业的融合,借助文旅这一形式,带动传统体育文化的普及与发展。如图5-3所示,这一发展模式主要包括以下四个子系统。

(1)推力系统

该系统为传统体育与旅游业的融合提供根本动力。

(2)拉力系统

该系统为传统体育与旅游业的融合提供驱动力。

(3)中介系统

该系统将前两个子系统联系起来,使二者的作用得以发挥。

(4)支持系统

该系统为传统体育与旅游业的融合发展提供支撑和保障。

从图中的关系不难发现,整个动力系统是十分自洽的,每个子系统都具有重要作用,同时各个子系统之间相对独立又密切联系,彼此之间发挥着相互影响、相互协调的作用,进而构成了整个系统的完美运行,这也是传统体育文化和旅游业能够在相当长时间里都取得稳定发展势头的根本原因。

第五章 我国传统体育文化的多元传播路径

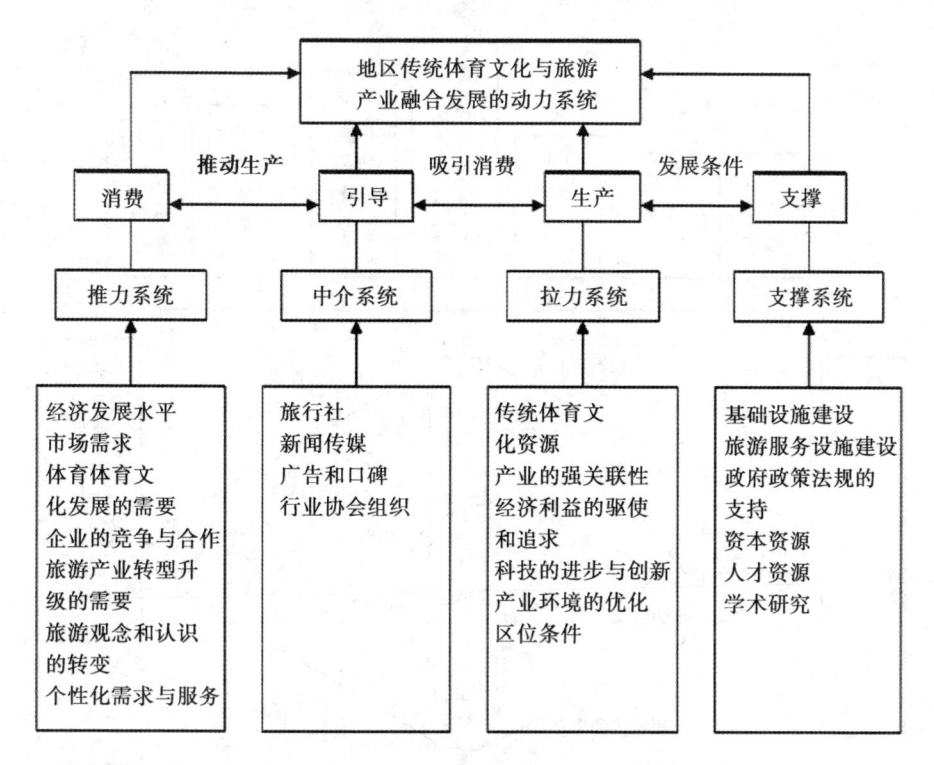

图 5-3 传统体育与旅游业融合发展的动力系统[①]

上述几个动力系统共同构成了传统体育与旅游业融合发展的驱动机制,机制模型如图 5-4 所示。

2. 充分利用市场的自主性

在市场经济视角下,市场自身就具有非常有效的调节机制,一个企业或者一个产品一旦投入市场,就要开始接受市场的调节。那么传统体育文化与旅游业的融合也一定会经过市场的筛选、推动、制约和改善,在这一过程中,传统体育与体育旅游发生了一系列的适应与调整,最终找到一个最合适的机制,这就是市场在背后提供的动力以及发挥的作用。因此,只要适应了市场的作用,传统体育旅游市场就会形成十分稳定的自洽机制,并指导着接下来一系列的工作有序展开。

[①] 陈炜.民族地区传统体育文化与旅游产业融合发展的驱动机制研究[J].广西社会科学,2015(08):194-198.

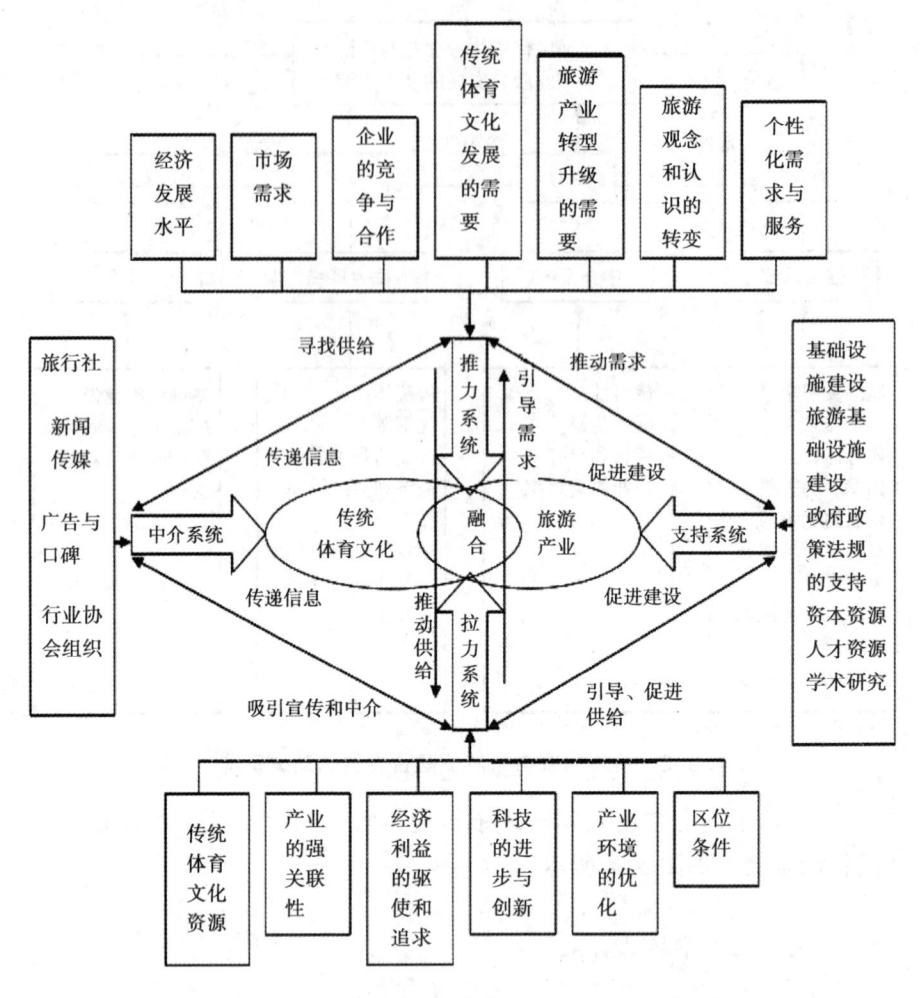

图 5-4 传统体育与旅游业融合发展的驱动机制

3. 加强规划，拓宽融合功能

从横向和纵向两个层面着手拓展民族传统体育和旅游业的融合功能，横向拓展侧重于价值集成型融合，将更多的第三方关联产业纳入旅游体系中；纵向拓展侧重于价值联结型融合。①

---

① 陈炜.民族地区传统体育文化与旅游产业融合发展的驱动机制研究[J].广西社会科学,2015(08):194-198.

第三节　我国传统体育文化传播的心理路径

研究我国传统体育文化的传播路径,还要从人们的心理角度着手,从人们对文化的认知、接受能力、习惯、观念和偏好等不同的角度进行分析,才能够使体育文化的传播更加有效。所谓的跨文化传播,传播目的地人群具有不同的生活习惯、思想观念和行为方式,因此,在接受该传统体育文化时,在心理上会出现陌生的新奇感、奇特感,以及会产生谨慎的观望或者激烈的排斥情绪,这些反应都具有一定的心理因素。可以从心理学和人类学的角度进行分析和解读。

一、文化与心理

（一）文化与心理的关系

每一种文化都具有其特有的地域性和民族性,在研究传统体育文化的传播时,不得不面对的是在不同族群之间传统文化会面临怎样的挑战和困难。比如将某一少数民族的传统体育项目推广到其他少数民族地区实际上是非常困难的,因为在不同的民族生态下,已经发展出其内在的价值逻辑,该生态中的人和事物都有相同的文化信仰和价值观,对于外来的一种较为陌生的民族体育文化,人们最初是困惑的、疏离的。

因此,研究文化的传播,就要研究人们的心理和认知水平。从心理学层面讲,文化是在同一个环境中的人们所具有的共同心理程序,它不是一种个体特征,而是具有相同的教育背景和生活经验的一个群体所共有的心理程序。[1] 在不同生存环境下的群体,形成的生活方式、思维方式都具有显著的差异性。在接受系统之外的文化或者价值观时,人们习

---

[1] Hofstede, G. CuCture' consequences[M]. Beverly Hills, CA: Sage, 1984.

惯了用原有的心理程序去理解和判断,因此就会产生一定的不适或者无所适从的感觉,当然,有时这种不适感是新鲜的、有趣的,所有这些不同的感受,都会影响文化传播的效率和效果。

简而言之,人们由于被教授的知识不同,面临的生活处境不同,习得的经验不同,因此对其他文化的理解才会不同。总之,如果忽略了文化的差异,那么在文化的传播过程中就会困难重重且不明所以。

从现代哲学的角度来看,存在思想层面认识他人之心理的可能性,通过可以直面他人的怀疑论和唯我论,在跨文化的传播过程中移动宝贵的指导思想,而且我们也认识到,将"我"的文化传递给"你",天然地存在着障碍,而且这种障碍是看不见的,因此也不好克服。

从古典精神分析的角度出发,人的机体内部的完整性及其关系和冲突决定了人的认知图式。因此,研究人的心理结构就能够了解和判断他人对我的文化反应和处理模式。而新精神分析,则着重探索人与外部世界的关系和冲突,强调社会、文化因素对人格的重大影响。[①]

人类学家也给出了他们的意见,他们认为,人类的文化可以被分为两种,一种是公开的文化,一种是隐蔽的文化。这一朴素的观点对指导传统体育文化的传播,发挥了重要作用。人类学家指出,公开的文化是可描述的、可认识的,而隐蔽的文化则是难以察觉的,是潜藏在该民族深层心理结构之内的一种思维方式和行为模式。因为他不容易被察觉,因此也不容易被影响,却又在文化认知方面具有重要的决定作用。

(二)文化与认知图式

文化与人类的认知图式有着密切关系,比如,通过心理学家和人类学家的共同努力,我们发现了文化对人的思维影响具有以下三个方面:

(1)不同文化群体在"形而上学"方面或者说对世界本质的基本信念方面存在差异;

(2)不同群体特有的思维过程存在很大的差异;

(3)思维过程与对世界本质的信念是一致的,人们通过思维过程形成对世界的感知。

换一个角度来说就是,在传统体育文化传播的过程中,如果要理解

---

① 车文博.西方心理学史[M].杭州:浙江教育出版社,2002.

第五章 我国传统体育文化的多元传播路径

隶属于该传统体育文化生态之外的人群的心理,那么必须要明确一个理论前提:文化是心理的一个组成部分,文化的传播过程是借助人们的心理认知图式结构而发生的。文化在大脑中转变成概念、思想、记忆、知识和形象,进而影响和构成人们的认知图式。

认知图式建构了人们以往的经验,比如对相似的情境、事件、对象会形成一个模式,同时,情感和态度也包括在图式之内。我们的经验是具有感情的,这种感情是积极正面的,还是消极负面的,以及它们的强烈程度等,都会影响我们对认知图式的构建,并且在认识新事物的时候发挥着重要的影响。

在相同的文化圈层里,人们会按照共有的认知图式进行交往,因此这种交往会非常高效,而且轻松,因为每个人的行为几乎都是可预测的,从而节省了大量的识别、思考、疑惑、否认等过程。因此,一般情况下人们对自己的社会交往图式是习焉不察的,已经进入潜意识层面。而一旦遇到不同认知图式的人,或者具有某种外来文化的人,人们的认知图式会迅速做出反应,打乱他们的阵脚,他们或者感到惊奇、诧异的较为正面的体验,或者是产生不适、恐惧、焦虑等负面的心理感受,这时候,人们为了摆脱认知的混乱,自己固有的认知图式就会浮现出来,并作为重要的参考依据,从而重新确定认知的平衡。

从个体层面来看,每个人都有自己的冲突类型。因而,每一种文化所形成的稳定认知环境,给人们带来一定的控制感和安全感,这是人们保持认知健康发展的一个基本前提。在应对中国体育文化跨文化传播,以及在过程中遇到的文化冲突时,可以从文化的意识和潜意识两个部分来理解。

总体来说,跨文化冲突类型一共有 36 个跨文化冲突类型,这 36 个冲突的类型,又按照不同的分类方法分为两大类。以下是理查德·尼斯贝特总结的几种简单的心理图式:

(1)东方人关注环境而西方人关注物体;
(2)东方人比西方人更喜欢研究事件之间的关系;
(3)东方人看到的是物质,而西方人看到的是物体;
(4)西方人比东方人更相信对环境的控制力;
(5)西方人看到的是静止,而东方人看到的是变化;
(6)西方人关注物体,东方人看到的是包括环境在内的更为广大的网络;

（7）西方人喜欢归类，而东方人更强调各种关系；

（8）西方人比东方人更喜欢用逻辑规律来理解事件。

二、跨文化心理

（一）跨文化心理的由来

在人类的发展进程中，一直伴随着关系的发展，比如人类与自然的关系，人类与其他物种的关系，人类之间不同种族、不同文化、不同生存环境的地区的人们之间会形成某种关系，这种关系在某个范围内又形成一种文化，指导人们的生活方式和人际往来。不同的文化构成了不同文化生态，而这种文化生态是动态的、多样的、可变化的。这种文化生态对生活在某一范围内的人群具有重要作用，比如给人们稳定的认知系统，平衡各种突发的或者意料之外的认知冲击。与此同时，在社会政治语境中，当与来自另一群体的文化进行交往时，比如殖民扩张、国际贸易、侵略和迁徙等压迫性的、竞争性的文化袭来，就会通过跨文化心理策略来寻求心灵的平衡。

（二）跨文化心理的含义

著名心理学家皮亚杰（Jean Piaget）的发生认识论指出，每一个认识活动都含有一定的认识结构，而认识结构又包含以下4个基本概念：

1. 图式

图式是个体在遗传的基础上习得的各种经验整合，是人们为了与外在现实世界相处而建构的抽象认知框架。图式是不易察觉的，甚至大多数人自己是不自知的，只有当个体遇到与自身习惯的情境不同的刺激时，才会调用这一图式，并用它去核对、理解、认识和应对这一陌生情境。

2. 同化

同化是指主体将外界的刺激有效地整合于已有的图式之中,也就是以既有的图式或认知结构为基础去吸收新经验的历程。

3. 调适

指主体改造已有的图式以适应新的情境。

4. 平衡

指由同化和调适过程均衡所导致的主体结构同客体结构之间的某种相对稳定的适应状态。

由此我们可以看到,只有当同化与调适达到平衡时,人们原有的认知才能与新的认知达到稳定的互动状态。从个体发展的角度看,接受跨文化传播的心理基础是,个体主动寻求向外发展,个体需要在同化与调适的动态平衡中寻求更多的发展,此为"跨文化心理"。

三、跨文化心理的过程

根据班尼特的观点,跨文化敏感性是个体对文化差异的一种组织或建构倾向,分为以下六个阶段。

（一）否认阶段

否认阶段是指认为个体之间不存在文化差异,似乎每个人都是相似的、一致的。否认阶段体现出个体的认知还具有较强的局限性,有些类似以自我为中心的表现,他们很少考虑其他人的感受,实际上是因为他们以为其他人和自己的感受是基本一致的。因此,处于否认阶段的人会较难接受不同于本民族的文化。这一阶段的特征是只能感知到他国文化中与自己认知相似的、熟悉的事物,并且难以对其他文化做出较为清晰的归类,而只是一种模糊的认识。

（二）防御阶段

防御阶段一般是指个体间的文化差异较小，人们能够意识彼此来自不同的文化，在某些认知上存在或多或少的差异，因此会保持一种审慎的态度，即并没有直接接受，也没有直接拒绝。这种阶段是抱有比较温和的态度对待其他文化，不会把不同的文化极端化处理，也不会抱持对立的态度。

（三）最小化阶段

最小化阶段是指个体间文化差异可忽略。处于这一认知阶段的人们把自己的文化世界观视为是普遍的，是处于中心位置的，而将感受到的文化差异判定为人类的相似性，如需要和动机，或者是宗教、经济和哲学观念，认为在不同文化的交流中总是共同点多于异同点。

（四）接受阶段

接受阶段是指个体能够对不同于本民族的文化抱有较为中心的态度，不会过于否认和排斥，也不会忽略或者最小化。他们对具有文化差异的他国文化更加包容，也意识到自己的民族文化知识是世界文化中的一个部分。在这种认识的基础上，人们会对他国文化秉持着平等的态度，甚至愿意去体验那些不同于本国文化的差异文化，以丰富自己的人生体验。

（五）适应阶段

适应阶段是指人们对于自身文化具有明显差异的他国文化抱有积极的、开放的、正向的态势，总体上是一种接纳的态度，愿意从不同的视角理解和观察世界其他民族和文化的形态，并且在面对这些不同的文化差异时，基本上体验到的是一种愉悦的感受，充满好奇，甚至愿意改变自己的行为去适应不同的文化模式。

第五章 我国传统体育文化的多元传播路径

（六）融合阶段

融合阶段是指个体间文化差异已成为自身文化身份的一部分,人们不认为自己固定地从属于某一文化,而且相信个体可以在不同的文化世界观中自由转换,并且在不断的互动中构建自我身份,自身的文化观念是发展的、动态的,而不是处于某一文化的中心,从此不再改变。

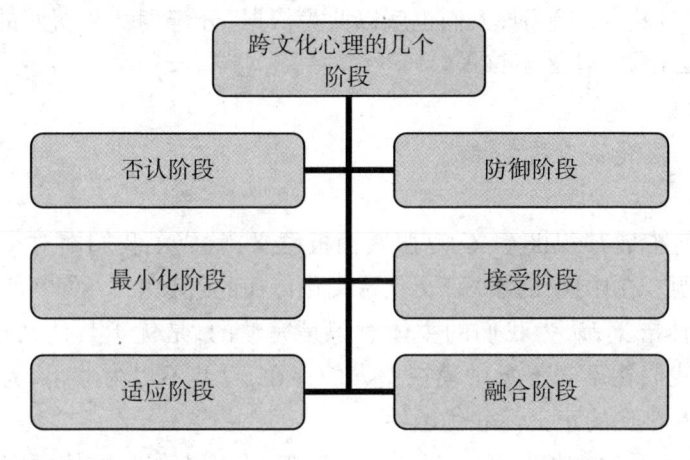

图 5-5 跨文化心理的几个阶段

四、文化差异与文化适应

通过以上对人们面对跨文化时的心理活动,以及其背后的形成机制,可以很好地指导中国传统体育文化的跨文化传播工作。首先最重要的是,我们要从认知上接受,跨文化传播中的误解与冲突是非常正常的事情,只要能够面对文化存在差异,人们的认知图式存在差异,并提高自身感知文化的敏感性,将有助于我们克服传统体育文化传播中遇到的问题。通过积极地面对文化差异,提升跨文化敏感性,去寻找文化适应的路径。

（一）文化差异的意义

在进行跨文化传播时,实际上就要搞清楚文化适应的路径。我们必须明白,传统体育文化在传播的过程中,遇到文化差异将是一种必然的现象,而且并不会随着时间的推移而消失。因此重要的是,为了有效地认识其意义,必须在不同文化之间确定一种明晰的区别。根据人类学家的研究,各社会群体总是通过分类区分的方式安排、组织事务,赋予其意义。

每一种文化的形成,就相当于为人们辨明许多不同个体的角色以及彼此之间的关系,比如男人与女人、成人与孩子、父亲与母亲、人与神灵、人与自然等的差别,人们也就以此为依据。分辨"我"和"他"的关系,判断什么该做、什么不该做。

(二)文化适应的路径

如何扩展其积极意义、克服其消极意义,就成了我们面对文化差异时的难题。在中国传统体育文化跨文化传播的过程中,人们在心理上会产生一种错觉,认为我们的主体意识是完整的,是优于其他文化的,这会导致我们在不知不觉中漠视差异的存在,对此不以为然,认为自己的文化具有存在的正义性和优越性。

但是,通过精神分析的理论我们知道,人从未作为主体而完全被统一过,只有不断地与不同于自己的文化意识互动,人的主体性才得以形成。也就是说,只有在心理上保持开放的姿态,并不断地与跨文化者进行互惠性理解,才能更完整地理解自我、发展自我、丰富自我,最大限度地扩展文化差异的积极意义。从另一个角度来看,文化差异实际上是提供了一个完成互补的机会。在多元文化环境下,通过彼此交叉和渗透,人的主体性得以实现,文化得以更好地传播,这也就是文化适应的路径。

后来,有学者发现了个人主义和集体主义的多元化模式,分别做出了以下描述。

1. 个人主义的三种模式

(1)聚合模式

该模式强调个体之间的区别和独立性。

（2）分布模式

该模式强调契约关系和个体所认同的具体的、共同的群体利益和特性。

（3）静态模式

该模式强调群体的张力。

2. 集体主义的三种模式

（1）无差别模式

该模式强调个体放弃自己的意愿而完成角色的要求、融入群体。

（2）关系模式

该模式强调内群体成员愿意并有能力想他人所想、急他人所急,帮他人所需。个体与他人和谐相处,共同合作,互相帮助并不意味着为了内群体而牺牲个体,而是通过与他人的相互帮助表达自我和提高自我。

（3）共存模式

该模式区分了"公我"与"私我"。

五、我国传统体育文化传播的心理策略

通过上述理论分析可知,我国传统体育文化在传播的过程中,应该采用更为积极有效的手段来开展工作,从而提前布局,以应对潜在的文化壁垒。

（一）对传统体育文化的差异认知

首先,需要将我国传统体育文化与目的地区的文化环境进行差异分析,从中发现和预测有可能出现的文化冲突。即在明确各自文化边界的前提下,寻找文化流变和渗透的突破口,建立更多的对话与合作,并通过互惠性理解,让目的地区域的人们建立对传统体育文化的知识,逐渐矫正他们原有的偏见。

其次,还要知道,人们对陌生文化的接受是循序渐进的,需要时间来消化,这是跨文化传播的必经之路。由于不同文化群体间的互动在不同的时间与空间下,常常表现出不同的水平产生不同的效果。这些是由不同个体的心理适应性以及认知图式的广度和韧度所决定。人们在各自认知的基础上建构和接纳新的文化所带来的信息。

因此,个体在文化适应的心理上、行为上会产生不同的变化,比如言谈举止、穿着打扮甚至还会影响其饮食习惯等,或产生文化适应压力,如焦虑、忧郁、精神病理症状等(图5-6)。也就是说,传统体育文化的跨文化传播必须尊重不同文化语境下,人们的认知习惯、认知边界和认知差异。并且选择更适合目的地地区人群的认知方式进行传播,会收到更好的效果。

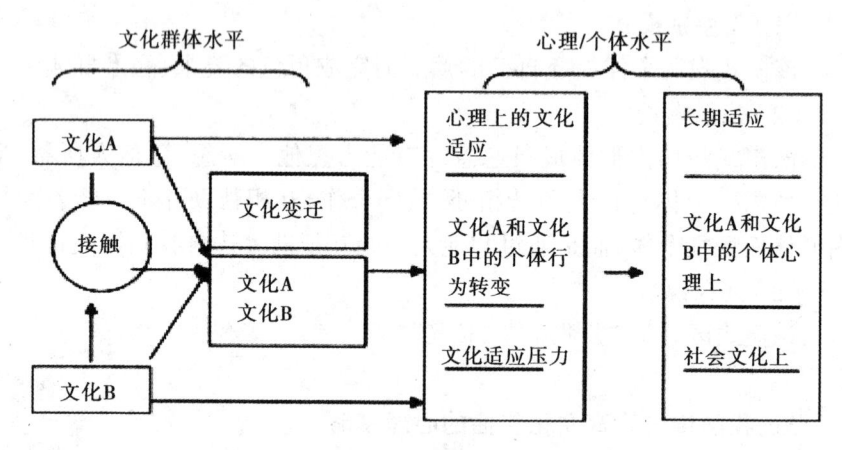

图5-6 日常跨文化生活中的应对能力[①]

(二)传统体育文化传播的心理路径

传统体育文化的传播也可以从目的地人群的心理图式进行设计和规划。文化适应是一个极不稳定的过程,长期适应也不意味着文化适应的终结,因为个体之间、个体与文化环境之间的互动是无限循环的,文化适应压力是恒定的。在这种情况下,最重要的就是能够把握人们的文化心理的适应性条件,一般而言指以下三种:

(1)优先选择具有良好互惠性知识的群体,比如预估该文化群体在进入更大跨文化领域时所预设的策略背景是什么,以及他们的认知图式

---

① Berry J. W., Poortinga Y. H., Segall M. H., Dasen P. R. Cross-culturalpsychology: Research and ap-plications (2nd Ed.)[M]. New York: Cambridge Universitysa Press, 2002.

第五章 我国传统体育文化的多元传播路径

的主要特点是什么。

（2）群体间的接触与交往能够改善群体间态度，因此，营造群体性的环境氛围，比如那些更具群体特性的传统体育文化更有利于跨文化传播，也会更容易让目标群体产生更多的积极体验，以及更少的消极体验。

（3）通过换位思考，营造更为积极的传统体育文化氛围，减少目标人群对跨文化事物的焦虑和不安等情绪，从而能够以更加开放和包容的心态接受新的体育文化。

第六章 新视角下我国传统体育文化的有效传播

我国传统体育文化的传播,要全面、彻底、自然地将传统体育文化中非常宝贵的精神内核与美的表现呈现出来,并让它们能够在更大范围内得到认可和喜爱。要积极利用当代发达的媒体介质与手段,从而得到较为理想的传播效果。本章将分别从新媒体视角和全球化视角两个方面展开研究。

第一节 新媒体视角下我国传统体育文化的传播

进入新媒体时代以来,整个社会的信息传播方式都发生了巨大改变,以往人们主要从电视、广播和报纸等纸媒获得信息,而且这些信息资源掌握在少数人的手中。但现在,自媒体的发达程度常常给人带来惊喜,通过互联网以及智能设备,一个人可以随时与地球另一面的人进行实时的面对面交流、会晤或者谈判。人们的工作效率直线提升,生活方式也发生了彻底改变。在这样的背景下,我国传统体育文化的传播应该借势发展,提升传播效率和传播效果。

第六章　新视角下我国传统体育文化的有效传播

一、新媒体在传统体育文化传播中的作用

（一）使传统体育文化的传播更便捷

传统体育文化经数字化技术的传播更为即时、丰富和便捷。这是新媒体在传统体育文化传播中起到的最重要作用。在以往，传统体育更多的是通过民俗活动、节日庆典或者生活娱乐休闲等形式进行传播。后来，这种原始的传播形式被电视、影视节目等形式所取代，于是可以使传播效率有所提升。进入新媒体时代之后，由于互联网的普及，新媒体的传播效率几乎可以实现无延迟地传播，这为传统体育文化打开了一扇大门，可以让更多的人了解和熟悉传统体育运动及其文化。

（二）高度的交互性提升传播效率

相对于传统媒体来说，新媒体提升了信息的反馈，新媒体在信息反馈上更为及时便捷，交互性更高，这也是有利于传统体育文化传播的有利条件。以往的媒体传播大多数时候是从一点向多点传播，或者是复合的波式传播，但是新媒体时代使信息传播成为交互式传播，这对传播效率而言是指数级的提升。

（三）打开传统体育文化的多元化视角

新媒体诞生之后，信息的接收者也可以随时随地进行信息的发布，可以自主地参与信息的发布和传播过程，人人都可以成为自媒体，这为传统体育文化的传播，提供了多元视角。传统体育的传播形式需要人们在不断的创新中去丰富和拓展，新媒体在其中起到重要的促进和推动作用。

不同的地域、不同的人群以及不同的知识水平和欣赏能力，对传统体育活动和文化有着不同的认识和见解，他们在自媒体上关于传统体育文化的表达，共同打造了对传统体育文化的多元化阐述，这对传统体育文化的传播是十分有利的。

在新媒体上,关于传统体育运动以及少数民族文化的内容逐渐增多,或者是一些专业人士的技能分享,或者是一些简短有趣的分享,或者是一些业余爱好者的习练记录,这些都丰富了传统体育文化传播的视角,让人们可以从更多的角度认识和理解传统体育,进而得到更广泛的传播。

二、新媒体在传统体育文化传播中的优势

(一)形式多样

新媒体和传统媒体相比,具有更多的传播手段,比如可以以文字、声音、图片、动画、视频等进行单独传播或组合传播,并且还可以依据传播的需要,做出灵活的调整和改变,同时还能极大地提升用户的体验。而这正是传统体育文化传播所需要的,从而使新媒体在传统文化传播中占有明显的优势。

传统体育与其他学科最大的不同在于,它蕴含着丰富的内容与形式,涉及许多领域和学科,因此仅凭单一媒介并不能完整地呈现它的全部魅力。在新媒体时代,相对于传统传播方式,传统体育文化的传播,能让用户在第一时间就直观地了解传统体育内容和形式。比如利用一些动图、动画、视频、声音的创新性内容,使原来在大众心里带有神秘色彩的传统体育,呈现出其质朴、纯真的一面,从而拉近了大众与传统体育文化的距离。

当前是新媒体的世界,在进行传统体育文化传播的过程中,要充分利用新媒体的创新功能,加强对新媒体的深度开发和利用已经成为当前传统体育文化传播的必然选择。

(二)可视听化再现效果

新媒体可以集合多种传播元素阐释抽象和复杂的传统体育文化,使传统体育文化变得通俗易懂,这是新媒体在传统体育文化传播中体现出的独有优势。在历史上,传统体育文化的体现形式或者描述方式,都充满了浓郁的中国文化色彩,例如"古老而神秘""阴阳平衡"等。然而,尽管这些语言充满美感,但是却极为抽象和模糊,受众难以理解其中精髓。但是在新媒体时代,必须实现信息的具象化、直观化传播。于是,通过短视频、图片、文字等多种元素的共同作用,让传统体育文化变得生动、形象、鲜活,进而引起大众兴趣,并产生进一步探索的好奇心。

三、新媒体视角下传统体育文化的传播策略

由于新媒体在交互性、即时性和融合性等方面的优势,使它在信息时代能够在短时间内迅速崛起。微博、微信等社交媒体,以及B站、抖音、小红书等视频媒体的出现和推陈出新,给传统体育文化的传播带来新的契机和挑战。

(一)通过创新方式彰显传统体育魅力

据《中华民族传统体育志》记载,目前发掘、发现的传统体育项目共计977条。面对如此庞杂繁多的传统体育文化资源,在进行传播之前,需要对传统体育文化进行内容的整合与形式的提炼,塑造为更符合新媒体传播需要的形式,并寻求合适的新媒体平台进行传播。在做到去芜存菁的同时,还要做到传播的简洁化和直观化。进而充分挖掘其中宝贵的精神文化内涵。

传统体育文化的有效传播,必须通过创新的方式,将原本只有少数人领会和掌握的技能,以易懂、易学、易掌握的方法进行推广,从而让更多的人感受到传统体育的魅力,并且能够轻易上手习练,亲身感受每个传统体育项目的特点。只有当每个人有兴趣去尝试、去体验传统体育运动时,才是真正的有效传播。

(二)整合新媒体平台进行立体化传播

整合新媒体的传播渠道是当前大众传播的主要形式。传统体育文化本身并不具备传播的优势,尤其是在当今的短视频时代,人们习惯了

以"刷手机"的方式获得信息,然而,传统体育文化博大精深,仅仅凭借一个十分钟左右的视频,是完全无法展现它的内在价值和外在形式的。实际上,有大数据研究显示,如果视频内容在前30秒之内不能吸引观众继续观看的兴趣,那么该视频就会被划走。面对这一挑战,只有通过整合新媒体平台、进行立体化传播,以创新的手段,打造立体化传播的效果。

具体而言,就是利用微博、微信等进行文本传播,利用抖音、B站、小红书等进程视频传播,利用直播、在线教育等平台进行深入的综合的内容教学。这样,可以充分利用不同媒体渠道的传播优势,将传统体育文化的完整信息进行有效传播。例如,借助抖音等短视频平台,可以快速说明传统体育的运动特点;借助微博、微信的文本功能,可以准确描述传统体育文化的内在精神;借助直播、在线教育等形式可以对传统体育文化进行具体而深入的教学。

总之,通过立体化的传播途径,各个媒体的优势彼此配合并形成合力,从而实现更高效的传播效果。

(三)深度挖掘传统体育内容与特色

我国的传统文化是东方文化含蓄内敛的典型代表,这在许多方面都有体现,然而就传统体育文化而言更是如此。我国的传统体育文化基本上都尊崇中庸、天人合一、阴阳平衡的哲学观,因此,在外在表现上都较为含蓄。但是,尽管这是中华民族文化的典型特色,然而与当前的社会现状却有些脱节。现代社会人们的生活节奏快,注意力稀缺,没有多少人能静下心来慢慢地体会与研习深邃的传统体育文化内涵。

在这样的背景下,需要深度挖掘传统体育文化的内容与特色,并且以简单、直接的方式呈现出来,才能在新媒体环境下获得更多关注。具体的可以从以下几方面着手。

(1)提炼传统文化的优秀内涵和精华,始终保证传播内容的质量,并与社会当前的发展特点相结合,进而保证传统体育文化的时代性。

(2)坚持正确舆论导向,保证传统文化的严肃性,不可哗众取宠。

(3)加强技术审查,确保传统文化信息和资源的正确性、权威性和真实性。

第六章 新视角下我国传统体育文化的有效传播

（四）根据新媒体的传播特色设计内容

在互联网环境下，微信、微博、抖音等新媒体传播形式已成为用户获取信息的主要渠道，由于智能手机的便利性，人们已经养成了随时随地浏览新媒体的生活习惯，和以往相比，这为传统体育文化的传播带来了便利，因为人们对信息的需求比以往更大，希望打开手机就能找到自己想要看的内容，就能与世界产生连接。因此，应努力以创新的形式适应新媒体的传播特性，为传统体育文化的传播创造更多可能性。

比如可以打造特色鲜明的传统体育文化的节目和内容，并不断提高信息的质量，以创新的形式重新打造传统体育文化，从而扩大传播范围。在信息与知识逐渐碎片化的当代，传统体育文化的传播也应该顺应时代的特点，以主题明确、短小精悍、简明扼要的方式来呈现，从而实现传统体育文化的广泛传播。

（五）利用先进的传媒技术打造内容

科技是社会进步的推动力，科技也改变着信息的呈现和传播方式。在新媒体视角下，应该充分利用现代发达的传媒手段，对传统体育文化的外在形式进行重新塑造，从而促进它的传播与发展。比如，从读图时代，到短视频时代，再到已经到来的 VR 时代，传统体育文化应积极地采纳和借鉴最先进的技术，选择最能彰显自身特点的传播手段，达到推广与传播的目的。

比如，以往的传统体育文化传播方式，主要是以庆典、民俗习惯等形式出现在人们的视线中，但是这种方式显然已经不适合当前的社会发展形式，并且已经不利于传统体育文化的发展。那么在新媒体时代，有更多的传媒技术出现，比如当前比较流行的虚拟现实技术，其形式新颖，体验感强，受到大部分年轻一代的欢迎和喜爱，对于传统文化、传统体育活动、传统体育教学等，都可以制成 VR 视频以动态的形式呈现给观众，增强其体验，加深对传统文化的记忆和理解。

（六）积极对外交流提升传播水平

新媒体视角下，不仅信息传播的效率提升，而且传播范围也变得更加广泛。这对促进对外合作与交流十分有利。通过与其他优质新媒体平台的深入合作，开辟更多的宣传渠道，进而促进传统体育文化的传播。比如，可以与具有品牌效应的新媒体平台进行战略合作，基于他们的技术和平台效应进行自我推广，特别是利用新媒体传播技术支持自身的内容创新。同时，除了内容制作中的资源共享和协同制作外，传播中的整合策划和多元化推广也很重要，其最大的亮点就是对内容的技术支持。研究报告和运营分析极大地推动了这些新媒体利用新技术进行内容创新，推动了传统体育文化传播的新局面。

四、新媒体视角下我国传统体育文化传播的发展建议

（一）提升从业人员的文化修养

传统体育文化与其他文化最大的区别在于，具有丰富的文化内涵，这就需要从业者能够深入地理解、识别甚至创作有关传统体育文化的新媒体内容，并且还能在真实可信的基础上，创作出具有创意、吸引眼球、获得更大点击率和播放量的效果。而这些的实现，都需要新媒体从业者具有深厚的文化修养和较高的道德水平。

总之，传统体育文化在信息发布和传播方面，要注重提升新媒体从业人员的职业道德和文化素养，避免传播劣质甚至不实的虚假信息，在这样的前提下，才能保障传统体育文化健康、有序的传播。

（二）提升体育新媒体的服务意识

我国的新媒体市场越来越趋于稳定，信息量以及价值体现越来越大，但是有关休闲体育产业方面的发展还不是非常成熟，需要有经验和有能力的新媒体平台加强对传统体育文化的传播研究。

第六章 新视角下我国传统体育文化的有效传播

其中需要特别强调的是,应提升新媒体体育的服务意识,不仅仅是传播一些科普信息,将传统的体育文化素材不经加工和处理,原封不动地搬到新媒体平台上,这实际上与传统媒体时代提供的内容并无两样,并没有体现新媒体的优势与作用。当前传统体育文化的传播和推广,应该更多地提升服务意识,注重提升用户的体验,保持用户的黏度,只有这样才能实现稳定的、持续的传播。做好信息的传播,以此发挥休闲体育信息推广的作用,促进传统体育文化的传播。

(1)中国传统体育文化在新媒体背景下面临着西方体育文化的冲击。

(2)新媒体的出现改变了传统的传播形式,并对推动民族传统体育文化的发展起到积极的促进作用。

(3)受全球化的影响,民族传统体育文化处境艰难。

(4)过度的商业化行为加重了传统体育文化的危机。

(三)鼓励创作更多的相关作品

鼓励文艺工作者充分发挥其自身的创作能力,利用现有的传统体育文化资源,拍摄微电影、短视频等进行推广,通过整合传统体育文化的传统资源,以创新的手段,打开传统体育文化传播的新途径,传递传统文化的平民化和正能量。

(四)衍生新的文化产品

根据传统体育文化资源,结合当前的科技手段与艺术发展水平,打造传统体育文化的衍生产品,融合传统体育运动的特色服饰和习俗等,满足人们对传统文化的好奇心和参与欲望,进行个性化定制。

第二节　全球化视角下我国传统体育文化的传播

在全球化视角下,我国的传统体育文化传播迎来新的使命与挑战。本节,将从全球化视角下对传统体育文化的传播展开分析。

一、转变传统体育文化的国际化传播与发展观念

(一)树立文化自信

西方体育文化在世界体坛居于强势甚至是垄断地位,在全球化背景下,我们应该以自信的态度去肯定传统体育文化的优秀性,勇敢与国际尤其是西方国家进行体育对话与交流,将优秀的传统体育文化弘扬海内外。同时,我们也要肯定西方体育文化的优点,要有包容心,正视多元体育文化的共存。需要注意的是,在民族传统体育文化的国际化传播中,我们不能向西方国家低头或迎合他们所谓的主流文化,我们要坚守传统体育文化的特质,对优秀的文化资源进行挖掘,以积极的文化形态对民族传统体育文化进行宣传与推广,以不卑不亢的态度应对国家体育文化之争,尽可能使中国传统体育文化被更多的国家与民族认识、理解、喜欢。

(二)开拓传播思维

我国应专门针对传统体育文化的国际化传播而建立国际传播平台,将丰富多样的传播渠道利用起来,在国际电台或国际电视频道以节目的形式广泛传播传统体育文化。我国要扩大体育文化的国际化传播业务,就要提高传播的常规性与系统性,而在国际频道播放民族传统体育相关节目可达到这一效果。我国要利用好国际传媒这一手段,制作高质量的

第六章　新视角下我国传统体育文化的有效传播

传统体育节目,选择合适的时间播放,输出优秀的民族传统体育文化,提高传播效率与时效性。专业人士在民族传统体育节目的制作中要满足外国观众的观看兴趣与爱好,要突出重点,以提高中国传统体育文化的对外传播效率与效果为主。此外,还要基于对国外观众需求的考虑而安排节目内容,以创新的机制将节目内容对外播出。另外,针对海外侨胞这一特殊受众,要制作具有民族情怀的节目,以增加海外华侨对中国传统体育文化的认同感。节目制作具有专业性,尽可能由专门的体育文化公司完成,提高节目制作的专业性和节目质量。

在传统体育新闻的国际化报道与节目的对外播放中,应该多报道与播放精彩的传统体育赛事。我国有很多传统体育赛事,从赛事规模来看,有全国性的运动会,各省市、自治区的赛事和县级比赛活动等,这些丰富多彩的传统体育赛事具有鲜明的民族性、地方性、风俗性,能够将中国传统体育文化的精华与优秀成果充分展示出来,给广大国外观众带来视觉盛宴。我们应该从全新的传播理念出发注重国际化传播定位的独特性,从创新的视角设置赛事内容,尽可能使传统体育赛事生动有趣,对国际观众具有吸引力,从而大大提升我国体育文化在国际体育文化领域的话语主动权。

在对外传播传统体育赛事的过程中,要注重主动与西方国家进行体育文化互动与交流,这是将文化战略融入民族传统体育文化国际化传播中的重要机遇。国内外体育文化交流形式有很多,赛事交流是非常重要的一种形式,我国应该面向国外市场积极举办民族传统体育赛事,主动加强与国外体育文化的交流,或与目标国家合作组织一些有代表性的世界性传统体育赛事,以高端国际赛事、大型体育文化节等活动为主,以提升我国民族传统体育文化的国际竞争力、影响力,并促进我国体育事业及文化事业的进一步发展。

加强与世界体育强国进行体育领域的技术交流与项目合作,也是我国传统体育文化国际化传播的重要策略。技术交流要强调传统体育专家或学者的参与,要鼓励这类人才走出国门,对我国优秀的传统体育文化进行弘扬与传播,并在更大、更专业的领域接受专门的培训,提升个人作为传承者或传播者的价值。在节目合作方面主要是国内外合作打造优秀的传统体育类节目,这就需要国内外传媒和国内外传统体育组织建立长期的、稳定的、和谐的合作关系。

二、正确把握传统体育文化国际化传播与发展的方向

（一）市场定位准确

在市场经济体制下，品牌都是基于市场这一土壤而发展的，市场需求主要由各种各样的消费群体需求而构成。只有最大化地满足各种消费群体的不同需求，品牌才得以持久发展，这也是体现品牌生存价值的重要标志。传统体育文化的国际传播与发展同样离不开市场，而且是广阔的国际市场。所以要在国际舞台上广泛传播民族传统体育文化，就要先做好市场调查与分析，了解国际受众的真实需求，然后挖掘民族传统体育文化的优势资源，发挥优势竞争力，提升竞争地位，使中华民族传统体育文化在国际市场占据一席之地。对受众群体的定位必须准确无误，要对各种群体的实际需求有准确的识别与判断，对受众的真实欲望进行分析，从而提高推广与传播的针对性与实效性。

（二）发展方向明确

对传统体育文化进行国际化传播，市场需求的精准定位是非常关键的一步，而要做好这一点，就要仔细分析目标市场，并从不同区域的经济、文化背景出发进行分析，如此才能提高市场定位的准确性。在准确进行市场定位的基础上，要结合传统体育文化的实际情况进行品牌设计与定位，只有从实际情况出发做好市场定位、品牌定位，才能准确把握传统体育文化的国际化传播与发展方向，并在正确方向的导向下制定科学有效的国际化传播战略与具体对策。如果市场定位错误，那么发展方向必然也是不正确的，而一旦努力的目标发生了偏差，再多的努力也是白费，徒劳无功。可见，准确定位何其重要。

三、增加对传统体育文化国际化传播的资金投入

一个国家的综合实力体现在多个方面，但是经济实力是第一位的，经济实力的强弱对综合实力的影响甚至是决定性的。一个国家在国际

第六章 新视角下我国传统体育文化的有效传播

上处于什么样的地位,竞争力和影响力如何,都直接受到该国经济实力的影响。经济实力雄厚的国家拥有的技术设备资源更先进,而且数量更多,国际上关于该国的新闻也很多。这就是一国经济实力对该国传播实力及国际影响力的重要作用。一个国家的对外传播实力以良好的经济实力为基础,拥有强大经济实力的国家相应也拥有很强的国际传播实力,如可观的传媒规模和广泛而深远的传播影响力。所以,要提高传统体育文化的国际传播力,就要不断提升我国的经济实力,并在强大的经济实力背景下为民族传统体育文化的国际化传播与发展增加资金投入,提供基础保障。

在世界体育文化的发展中,国际化传播越来越受重视,各个国家都渴望在国际舞台上与其他国家进行体育文化方面的平等对话、沟通与交流,将本国的优秀体育文化推广出去,弘扬民族文化,借助体育文化交流与传播这一窗口,树立与提升本国在国际上的良好形象。因此各国对体育文化国际化传播从战略高度给予了重视,并不断加大投入力度,采用先进的传播技术开展海外传播工作。

四、培养优秀的传统体育文化传播人才

(一)明确传统体育文化传播人才的培养规格与标准

在全球化背景下传播传统体育文化,就要注重对优秀传播人才的培养,加强对专业化人才培养模式的建立健全。而建立与完善传播人才培养模式,要明确培养目标,选择科学有效的培养方式,按高标准的规格进行培养,也就是要清楚对什么样的人才进行培养,以及如何对这些人才进行培养。

毕业于民族传统体育专业的大学生,是我国民族传统体育文化国际化传播人才的重要组成部分,因此必须加强对高校民族传统体育专业的管理,明确该专业的人才培养目标,尽可能培养全面发展的一专多能的人才,使该专业学生专业理论基础知识完备、技术扎实,并能在教育教学、运动队训练以及赛事活动等实践中灵活高效地运用知识与技术。

为满足民族传统体育文化国际化传播的需要,在全球化浪潮下还要注重对高校传统体育专业学生进行国际综合素养的培养,包括外语能力、对外交流能力等。最终培养出来的传播人才应该是能够满足实际需要的复合型人才,要达到理论扎实、技术过硬、知识深厚、外语能力突出等要求。

(二)传统体育文化传播人才应具备的素质

1. 理论扎实、技术过硬

传统体育文化国际化传播质量直接由传播者的传播水平所决定,因此传播者必须具备良好的传播能力,而理论基础与技术水平是最基本要求。传播人才要能够从理论上准确阐释传统体育常见项目的运动方式,并能熟练完成这些项目动作,从而使国外传播受众能够更直观、生动地了解中华民族传统体育文化。

2. 国学知识深厚

国学知识深厚也是民族传统体育文化传播者应该具备的基本素养。在传统体育文化的国际化传播中,对外输出民族传统体育的文化理念、内涵及底蕴是传播的重点,传播人才只有拥有深厚的国学知识,才能成功输出这些重点内容,提高传播实效。传统体育中蕴含着深厚的中华民族文化底蕴,如"天人合一"思想、中庸思想、爱好和平思想等,传播这些思想有助于更好地弘扬民族传统文化。

3. 外语交流能力突出

在全球化背景下,传统体育文化的国际化传播面向的是来自世界各地的受众,这就对传播者的外语能力和交流沟通能力提出了很高要求。世界各国的语言文化差异是非常大的,这是阻碍世界各国交流的一个重要因素。为克服这一限制,中国传统体育文化传播者必须学习多种语言,提高外语运用与交流能力,尤其是外语翻译和口语能力,这样才能更准确地传播民族传统体育文化,使国际受众对中国传统体育文化的内涵与特色有正确的认识与了解。如果传播者外语表达能力欠缺,翻译能

第六章 新视角下我国传统体育文化的有效传播

力不足,就会给传播造成一定的障碍。

五、努力提升中国体育的话语主动权

我国传统体育文化在世界体育文化领域的地位、影响力以及传播情况,很大程度上受到我国体育在国际上话语权的影响。要不断提升我国的综合国力,拥有话语主动权,使中国体育在世界体坛居于更加重要的地位,发挥重要作用,产生重大影响力,中国传统体育文化才会受到世界人民的关注,才会被世人主动认识与了解,这时传播效率将大大提升。因此,我们要找到中国体育与世界体育的契合性,从而在全球化背景下获得更多外国友人对中国体育的认可与欣赏。中国体育文化作为世界体育文化的重要组成部分,具有和世界体育文化相同的共性,和其他国家体育文化在某些价值观上也是相同的,正因如此,世界上各种各样的体育形态才能共存于国际语境下。体育文化的共同性要求我们既要深刻认识本民族传统体育文化,又要对世界体育文化有一定的了解,并对本民族传统体育文化和世界体育文化的关系有正确的认识与深入的理解,以良好的文化传承精神与创造性在世界体育文化大浪潮下传播传统体育文化。

中国文化历史悠久,内容丰富,内涵深刻,底蕴深厚,对外传播中国传统文化既要传播传统音乐文化、传统艺术文化、传统文学文化、传统哲学文化、传统医学文化等,同时不能忽视对传统体育文化的传播,传统体育文化虽然只是中国传统文化的一小部分,但是体育文化在中国传统文化中居于重要地位,是不可或缺的一部分,所以将这部分文化传播到世界各地是非常重要的,是每一位中国文化传承者的重要使命。传统文化是世界文化的一部分,我们要认识到民族文化的世界性,推动文化的国际化发展,使世界各国都能认可民族文化,使文化在全世界广泛流行,而如果做不到这一点,那么民族文化在实际意义上就不是世界的,不是全人类共同享有的文化成果。当前,中国传统体育文化即使在中国范围内也未受到完全的认可,或者说没有得到所有国民的认可,没有完全流行开来,那么我们又怎么向全世界推广与传播这一文化,使之被全世界人民共享呢?而要真正将传统体育文化传播到国内外,使之被国人接受,被世人认可,就应该树立科学的核心价值观,对传统体育文化的内在特质与深层元素加以提炼与总结,从而使中华民族的文化软实力不断提升。

要提升中国体育在国际体坛的话语主动权,就要积极与国际联系、互动,搭建交流平台,在广阔的平台上以我国优秀的传统体育文化为基点而传播民族传统体育文化的历史成果与精华,并将传统体育文化传播与现代体育文化传播结合起来,提升中国体育文化的国际化传播效率,树立中国体育在国际体坛上的良好形象,使其他国家的人民大众重新认识中国体育文化,为优秀的中国传统体育文化而赞叹、鼓掌,并主动学习与参与中国传统体育项目,在亲身参与中获得真实的体验。

六、加强对民族传统体育文化的宣传

(一)做好广告宣传

在经济全球化趋势愈演愈烈的今天,世界各国展开了激烈的经济竞争,在这一背景下要想使本民族传统体育文化在世界舞台上大放异彩,提升影响力,就要特别重视宣传,尤其是以广告的形式进行广泛的宣传。我国对传统体育的国际化传播与发展做好准确定位后,就要考虑如何在国际市场上进行高效传播与营销,这是民族传统体育国际化发展的基本诉求,而广告宣传能够满足这一诉求。广告是我国主动向世界各国推广与传播民族传统体育文化的重要举措,是国内外传统体育文化交流的重要手段,在推广与沟通的过程中展现中国传统体育文化的个性与优势。进行广告宣传,还要先找到被国外广大人士普遍认可的广告诉求主题,如果广告诉求主题得不到传播对象的认可,那么难以实现有效的推广与传播,而且也会推翻之前的传播定位。但需要注意一点,我们不能没有科学依据地盲目夸大广告诉求的作用,也不能完全通过广告诉求是否被认可来判断之前的定位是否准确、全面。我们对外传播民族传统体育文化,要使之与广告诉求保持一致,这样才能确保广告宣传是有效果的,而且有持久的生命力。

传统体育文化作为对外推广与宣传的特殊产品,其产品定位是树立传统体育文化品牌定位的基础,而广告诉求定位则是提升品牌影响力的重要保障。在民族传统体育文化的品牌定位中,要先明确重点推广与传播的民族传统体育项目,先进行项目定位,然后借助广告宣传而实现传播目标,宣传定位同样很重要,通过宣传,使受众对品牌形象有充分的感知与信任,使受众进一步了解品牌的个性,受众对品牌的认可要契合广告宣传定位,将二者有机结合起来才能最终实现品牌宣传的良好效果。中华民族传统体育文化在国外是否受关注,与广告宣传的水平及质量有直接关系,所以要特别重视发挥广告的宣传作用。

（二）影视产品多样化

文化在国内外的广泛传播有很多载体与形式,其中人们最为熟悉的传播载体有报纸、刊物、电视剧、电影、书籍等,电影、电视剧这样的影视传播形式很受大众欢迎,这些传播形式既有宽泛的传播广度,又在层次上有传播深度,而其他传播渠道在传播广度与深度上不及影视传播。在文化全球化视域下,世界体育文化交流与互动十分频繁,之所以开辟多个渠道进行文化的多元化沟通与交流,就是为了维护国内外体育文化的平衡,在将传统体育文化推向世界的同时,吸收其他的传统体育文化或现代体育文化,实现进出平衡。电影和电视剧作为常见的、有效的体育文化传播渠道,既有戏剧性,又有故事性,能够将中国优秀的传统体育文化传播到世界各地,被世界人民所喜爱。因此,我国应该多拍一些和体育尤其是民族传统体育有关的电影或电视剧,也可以将优秀的传统体育项目融入少数民族题材的电影或电视剧中。

中国传统体育文化既属于优秀的体育文化,又是灿烂的民族文化和传统文化的重要组成部分,其蕴含着可贵的民族精神、文化财富,拍摄以传统体育为主题的电视剧或电影,能够使国外受众通过这个渠道与窗口而对优秀的中国体育文化有生动的认识与了解。

我国的影视产品面向欧美市场推广与出口的过程中以纪录片为主。欧美国家一些电视台只对脱口秀、纪录片等非主流形式的节目进行播放,大众十分喜爱这些节目,观看纪录片、脱口秀等节目已成为国外大众观看电视的习惯。而且,因为风俗文化和日常生活方式的影响,很多欧美人对有挑战性的节目普遍比较关注,这就是他们喜欢看体育类节目的主要原因,体育文化吸引着欧美大众。现在,中国在世界上的地位不断提升,世界上的一些主流媒体越来越关注中国国情与社会发展情况,而且一些电视台也会购买我国的影视产品,尤其是关于体育的纪录片,这是我国传播传统体育文化的重要机遇。在民族传统体育文化国际化传播的众多渠道与载体中,体育纪录片及基于此而衍生的各种体育影视作品展现出其他传播载体不可比拟的优势,而且体育纪录片或相关产品的对外营销是具有重复性的,我们多次开发与利用这类资源,能够使影视传播的功能与价值最大化地发挥出来,还能帮助我国节约传播成本,最终也能取得理想的传播效果。我国政府应该大力支持体育纪录片或相关影视作品的出口,有关部门在全球化战略背景下要对此予以统一规划,考虑长远的传播目标,而不是短期利益。我国政府要从政策、经济上扶持中国体育纪录片的开发与出口,将体育纪录片作为国内外体育交流与合作的重要方式与窗口。体育纪录片不管在我国体育市场上,还是在国际广阔的市场上,其发展空间与潜力都是不可低估的。目前,体育纪录片的国际化出口与传播的市场需求很大,明显供不应求,而且现有的产品在交易上也有很多问题,纪录片在开发与制作上也缺乏持续的动力,这些都是有待解决的问题,我们要结合我国国情开辟一条能够使中国体育纪录片成功出现在海外主流电视台的道路,满足广大的国际市场需求,提高中国传统体育文化的国际影响力。

七、构建传统体育文化的国际化传播与发展网络

在全球化背景下构建民族传统体育文化的国际化传播与发展网络,要注意从传播广度与深度上不断拓展与深化,其中传播广度是针对传播范围而言,传播深度针对传播层次而言。

(一)扩大传播与发展范围

要扩大与拓展传统体育国际化传播与发展的范围,就要开辟更多元化的传播渠道,在更多的国家展示中华民族传统体育文化的灿烂成果,并与更多的国家进行体育文化交流,在传播主体上也要尽可能调动政府体育组织、民间体育团体以及体育爱好者的积极性。

奥运会是中国向世界推广与传播传统体育文化的重要舞台与机遇,中国武术在奥运会这一国际舞台上的呈现,使中华民族优秀武术文化的魅力被全世界看到,国外很多武术爱好者被中华武术深深吸引,并积极参与和学习中华武术。因此,我国要努力将更多的传统体育项目纳入奥运会大家庭,使世界各国人民都能通过奥运会进而了解中华传统体育文化。我国也要利用传统体育赛事对中国传统体育文化进行推广与传播，世界性的传统体育赛事多由国际武术联合会、国际气功联合会等世界性的传统体育组织举办，对于这些权威性组织机构举办的国际性大型民族传统体育赛事，我国要积极参与，在这些重要的赛事舞台上展现中华民族传统体育的优秀文化成果与高超技艺，吸引更多的国际友人参与。

要扩大传统体育文化的国际化传播范围，还要充分发挥各种传播主体的作用，将各方面的传播力量与资源有机整合起来，使传播效果达到最大化。不管是政府部门，还是民间组织或团体，抑或是企业及个人，都是传统体育文化传播的重要力量，要充分发挥这些人力资源的传播作用，使传统体育文化以多种形式与渠道在世界舞台上绽放魅力。

（二）深层次传播与发展

除了在传播广度上要不断拓展与扩大外，还要注意传播层次的增加，重视多层次和深层次传播，使传统体育的深层文化得到有效传播与推广。为了增加传播层次，在对外输出传统体育文化的过程中，要对中国传统体育发展的历史、中国传统文化、中国风俗习惯以及中国的政治经济文化等予以传播，使中国文化得到更多世界人民的认可，使我国的文化软实力得到新的提升。文化软实力的提升对增强中国的经济实力及综合国力具有重要意义。所以说，增加传统体育文化国际化传播的深度，有助于促进中国综合实力、国际地位以及国际影响力的提升。

总之，在全球化背景下进行传统体育文化的对外传播，既要拓展广度，又要增加深度，提高传播的密集性，开发更多的传播渠道，覆盖更广阔的传播范围，要基于传统体育文化而进行深层次传播，但又不限于民族传统体育的范畴，进行超越式和跨越式的深层传播，促进中国文化的多元化和深层次交流与互动，从而使民族传统体育文化的国际化传播网络体系更加立体化，更加完善，为中国特色社会主义文化强国和体育强国的建设奠定良好的基础。

八、鼓励全民参与传统体育文化的国际化传播

传统体育文化的国际化传播，实际上更多地有赖于全民的参与，只有这样才能提高传播效率与效果。

（一）政府传播

政府在传统体育文化的国际化传播中发挥着举足轻重的作用,因此要特别重视政府作为传播主体的重要地位,充分发挥政府传播的积极作用,依赖政府的号召力和权威性而将民族传统体育文化传播到国外,使国外人民看到我国政府发展民族传统体育的决心。

（二）企业传播

企业是进行传统体育国际化传播的重要载体之一,将传统体育事业逐渐企业化,促进产业化发展,这是我国传统体育国际化传播的一个方向,但目前对我国而言这是非常难操作的一个环节。通过企业,特别是体育文化企业而进行传统体育文化的国际传播,这是目前推动传统体育国际化传播的一项重要工作。企业要充分发挥自身的优势,在准备好有利条件的前提下将传统体育的衍生产品推入国际市场,并保护好品牌与知识产权,提高国际市场中的综合竞争力,并与国际媒体之间建立长期稳定的合作关系。

不可否认,企业大多数都是以盈利为目的的。企业要想得到应有的利益,就要想方设法将自己的技术以及相关产品推入国际市场,这是促进传统体育文化国际化传播必须要做的工作。企业在推动体育文化国际传播的过程中,要同国外同行业积极开展专业交流活动,争取创办跨国企业,为体育文化的国际化传播打好市场根基。企业的跨国发展使得民族传统体育相关产品的传播有了浓厚的国际化色彩,这不仅对企业自身的发展有利,也对传统体育文化的持久发展有重要意义。

（三）机构传播

除政府和企业之外,非营利性组织机构也是传统体育文化国际化传播的重要力量,具体包括政治、文化、学术类以及福利性机构和社会团体,对传统体育文化国际化传播有重要影响的非营利性组织大致分为以下几种。

第六章 新视角下我国传统体育文化的有效传播

第一,国内的专业团体组织,包括协会、联合会以及学校、图书馆、国际商会等。

第二,跨国团体或组织。

第三,世界性组织,如联合国、WTO等。

以上这些组织及团体有同一个目标:即消除人们对待事物的冷漠态度,唤起人们对事物或者问题的关心和重视,推动社会向前发展。这一目标的实现必须要依靠传播,而互联网是主要的传播载体。各组织要利用互联网先进技术,发挥自身的重要影响力,促进中华民族传统体育文化的进一步传播与发展。

九、增加传统体育文化国际传播的信息量和时效性

(一)增加传播信息量

信息量是传播信息的数量和质量,是对信息确定程度的量度。当然也可以从信息自身的容量来考虑,作为一个量化的指标,信息量是一个规范的数量,信息量大并不是说信息越多越好,而是信息既丰富,又没有无用的信息,比如重复信息和不相关信息。

(二)保证传播信息的时效性

所谓的时效性,是指信息的有效时间,一般对于新闻信息来说,都具有时效性,时效性越强,对信息传播速度的要求就越高,想要抢占舆论头等座,就必须保证所发布信息的时效性,树立先入为主的理念,只有时效性高的信息才具有真正的引导力量。

讲求时效、争取主动是体育国际传播的重要原则之一。因为体育活动具有超强的时效性,在第一时间发出声音,有利于争取在国际体育传播中的话语控制权,产生良好的价值引导。民族传统体育文化的国际传播从某种意义上说是国际体育话语权竞争,所以要重视传播信息的时效性。

（三）提升传播的亲和力

中国传统体育文化国际化传播的海外受众大致有以下几类。

第一，海外主流社会的受众，针对这类群体的传播必须用外语。

第二，海外华人，用汉语或双语进行传播。

第三，我国驻海外使馆以及商务经济机构人员，他们有欣赏中国民族传统体育的需求，所以要重视针对这类群体的传播。

向西方国家传播中国民族传统体育文化，要重视西方主流社会对中国体育的接受度与认可度，只有被西方主流社会所认可，我国传统体育文化才能在国际上产生很好的影响力。①

---

① 钟晓满.中国体育国际传播：挑战与创新[D].成都：成都体育学院，2014.

第七章　我国优秀传统体育文化传播与发展研究

我国拥有着五千年的灿烂文明积淀,是无数华夏儿女的精神养料和文化宝藏。在众多的传统文化中,传统体育文化在其中占有着重要的地位。当今时代,如何将优秀的传统体育文化做进一步的传播与发展,与国家的经济建设、法制建设以及教育发展同等重要。因此,本章将从传统武术文化的传播与发展、太极拳文化的传播与发展、舞龙、舞狮文化的传播与发展以及健身气功文化的传播与发展分别进行分析。

第一节　传统武术文化的传播与发展

在国际上,中国武术是中国传统体育文化的代表,是无数海外华人的骄傲。经过多年来的努力,传统武术在国际上占有重要的影响力,并且还会定期举行武术竞赛活动。本节将对中华传统武术的传播进行进一步的分析。

一、中华武术文化与现代社会发展相契合的价值体现

作为中国传统体育的重要方面,中华武术有其特有的发展历史,发展至今,已经发生了较大的演变,成为一项典型的民族传统体育,其在中华优秀传统文化的基础上,基本内容为技击方法,运动形式主要为套路、格斗、功法。

随着社会的不断推进,武术在具体内容和形式等方面都发生了一定的变化,但是,中华武术文化的价值内核却始终被保护得十分完好,并且生命力顽强。发展至今,作为中华民族宝贵精神财富,中华武术文化的价值仍然会因其与现代社会发展相适应而继续被发扬光大,并不断传承与发展下去。

具体来说,中华武术文化与现代社会发展相契合的价值主要体现在以下几个方面。

(一)以崇武尚德为先导

"未曾学艺先学礼,未曾习武先习德。"这是中国武术界广泛流传的一种说法,也在一定程度上反映出了中国武术向来都是非常重视习武者德行培养的,并且道德在中国武术中居于首要地位,在中华武术的学习过程中,将习武和做人有机联系到一起。

在中华武术漫长的发展过程中,已经逐渐形成了"武德胜于武技"的共识,习武者的道德修养被高度重视,并被提到了较高的位置,同时,为了有效协调习武者与他人、与社会之间的关系,促使他们培养并建立传统的"崇德扬善"道德观,如此,能使习武者的"德"与"艺"两者有机统一起来,某种程度上,体现出了中华优秀传统文化重和谐、讲中道、追求"中和"的显著特征。

中华武术文化将武德作为关注的重点所在,并且提出了"爱人"和与人为善的观点,将人与人之间的和谐境界作为追求,将中国传统武术文化的终极要义——"个体和谐、人际和谐、天人和谐"展示得淋漓尽致。

从某种意义上来说,中华武术文化的崇武尚德思想对于人们气质修养的提升有一定的帮助作用,能使其心理和精神需求得到较好满足,正是注重思想道德建设和社会和谐稳定的新时代所亟须的。

另外,在现代社会中继续传承中华武术文化的武德思想,能够将其时代价值充分体现出来,这不仅在维护社会稳定上有所体现,也反映在社会发展的助推力上。

第七章　我国优秀传统体育文化传播与发展研究

（二）以哲理修养为基础

哲学思想，对各个领域都有着不同程度的影响，可以说，各个领域都是在哲学的基础上产生并发展的。中华武术是在中华优秀传统文化的沃土之中逐渐发展而来的，并且在其不断的发展过程中受到中国传统哲学的影响，这里所说的影响是多方面、综合性的，主要涉及中华武术的运动形式、技法原理、训练方法等方面，也正是因为如此，博大精深的中华武术文化得以孕育产生。到了明清时期，中华武术集大成发展，这就进一步促使武术与传统哲学的结合更加紧密，中华武术文化的成熟和完备程度也逐渐增加，内家拳就是主要的体现形式。

对于不同种类的内家拳来说，它们之间也存在着共同特点，即都直接用中国哲学理论阐释拳理，重视修身养性，并且将中华武术文化的哲学内涵反映了出来。

发展至今，中华武术文化与中国传统哲学的完美融合已经顺利实现，并且将其深厚的哲学底蕴充分展现了出来。中华武术文化能够将其中的哲学精髓充分展现出来，这对于人们思维想象空间的进一步拓展，满足人们更深层次的精神追求都有着非常显著的现实意义。

（三）以兼容并蓄为本

关于武术的发源，有"拳兵同源"的说法，具体来说，就是指武术与军事是同源之水、同本之木；"拳起于易，理成于医"。这些都将中华武术文化的起源、形成与中国传统易学和医学之间的密切关系反映了出来；同样，武术发展过程汇总，也会不断吸入戏曲、书法、绘画、文学、宗教等其他中国传统文化形式的诸多元素。

当前，兼容并蓄的中华武术文化仍然产生着非常显著的影响，人们在其影响下，不管是在文化研究方面，还是在健身养生、实战技击等方面，都能够有效满足其功能性需求，这也一定程度上促使人们不断建立包容豁达的精神境界。

在当今这个全球化发展的视野下，对中华武术文化兼容并蓄的可贵品质进行进一步的传承，一定程度上能为广大人民的精神修养层次的提升提供强大助力，还为中华武术文化在世界范围内的传播与发展奠定坚实的基础。

（四）以形神兼备为体

一直以来，中华武术都有形神兼备、内外相合的要求，这也是中华武术区别于其他运动项目的一个本质所在。在演练一个或一系列武术动作时，习武者总是通过身体的运动来展示其"形"，并借助外在的"形"来将其内在的"神"充分表现出来。

中华武术文化中，能够展现"形神兼备、内外结合"要求的项目有很多，其中，经典的长拳较为具有代表性。具体来说，长拳动作舒展大方、快速有力、节奏明快，讲求"四击、八法、十二形"，由此，便反映出了中华武术"以形喻势"的风格特征；同时，中华武术的演练过程中，时而如长江大海汹涌澎湃，时而如高山峻岭挺拔肃穆，也充分体现出了中华武术文化所特有的大美特色。

中华武术文化强调形神兼备，也正是因为如此，才为武术爱好者和研习者外在形式美和内在神韵美相统一的精神享受，这种享受是内外结合的，具有不可替代性。

在当今全球化发展的视野下，继续传承推崇形神兼备的中华武术文化，不仅能大力支持和满足广大群众的美好生活需要，也能为其在世界范围内更广阔的传播与发展创造条件。

（五）以深明大义为魂

很早之前，就有学者提出了"刚健尚动"的观点，即一种对从强身到治家、治国、治天下都普遍有益的思想，具体表现为"一身动则一身强，一家动则一家强，一国动则一国强，天下动则天下强"。由此可见，中华武术活动的开展已经不仅仅是一项体育运动项目了，其已经升级为更高的家国情怀。这种思想受到广大有识之士的普遍认同，激励着一代又一代的志士仁人为实现民族振兴和国家富强而砥砺前行。

发展至今，中华武术文化的意义已经不仅仅体现为单纯的形式和思想，其得到了进一步的拓展，更为深刻地体现为自强不息、厚德载物、保家卫国的思想境界和浩气长存、生生不息的民族情感。中华武术文化蕴涵的这种深明大义，会进一步将人民为国为民无私奉献的热情进一步激发出来,这对于中华武术文化的弘扬有积极的促进作用。

在全球化视野下继续传承中华武术文化的大义,能够为我国早日实现现代化和民族复兴提供强大的力量源泉,也为中华传统文化更广阔的传播和发展提供强大的助推力。

二、掣肘中华武术文化传播与发展的因素

中华武术文化具备与现代社会发展需要相契合的价值,这一点是毋庸置疑的,这些促进了中华武术文化的传播与发展。但是,当前,中华武术文化在传播和发展过程中受到一些因素的影响,总的来说,这些掣肘因素主要有以下几点。

(一)自身功能价值开发严重不足,需求空间被压缩

中华武术文化本身就具备一定的功能价值,这也是其能使当今社会人们日常提升文化修养、辅助健身养生、锻炼技击能力等多方面的精神文化需求,都能得到较好满足的一个重要原因,同时,这也是其与现代社会发展需求相契合的先天优势。

然而,在现代社会中,中华武术文化的功能价值只是被挖掘出了非常小的一部分,还有非常大的挖掘和开发空间。中华武术文化的功能价值不仅得不到足够的重视,还在进一步发掘和开发上较为欠缺,这些都对其固有价值优势的发挥产生了制约甚至阻碍作用,同时也阻碍了其自身在现代社会的创新发展。

某种意义上,进一步深层次地开发中华武术功能价值,实际上就是有效增加中华武术文化供给,这也一定程度上为中华武术文化的传承和发展提供了更加宽广的需求空间,对其在现代社会更好地满足人们日益增长的精神文化生活需要起着举足轻重的作用。如果无法将中华武术文化的功能价值进一步地挖掘和开发出来,那么,就现在的形势来看,势必会使其需求程度大打折扣,从而也会对其传播与发展造成不利的影响。

（二）中华武术受到国际同类项目的冲击

当前，尽管中华武术已经成为国际上较为具有代表性的运动项目，但是同时，也有一些国际同类项目逐渐走入中国，比如，跆拳道、柔道、空手道等，它们在全球化发展的推动下，逐渐进入中国。这些运动项目都在不同程度上冲击着中华武术。尤其在目前的奥运会备选项目中，日本的空手道对中华武术进入奥运会构成威胁。

面对这样的竞争形势，中华武术在对当前传播与发展现状进行分析的基础上，要敢于竞争，在竞争中生存、创新和发展。而要实现这一目标，必须具备国家在这方面的大力支持，比如，成立专门的中华武术国际传播推广机构，将其在统一标准、统一规划、市场运作、创新发展等方面的功能充分发挥出来。

（三）民族传统性渐失，竞技武术和民间传统武术发展失衡

中华武术在产生和发展之时，就已经具备了一些显著特点，比如，娱乐性、竞技性、传统性等，而随着中华武术的不断发展，目前，其竞技化特点更加显著，并且已经成为重要发展方向之一，这对大众来说是有着较大吸引力的，而与此同时，其原本深厚的民族传统性则逐渐被弱化，致使竞技武术的发展远快于民间传统武术，两者之间的发展呈现出不平衡的发展态势。

当前，武术界普遍反映出这样一种现象，即"套路"的体操化和舞蹈化痕迹越来越严重，而武术元素却越来越少了。这一现象的产生，对中华武术深厚的文化底蕴产生了一定的影响，同时，这种影响也体现在中华武术文化在当今社会的传播与发展。

关于中华武术在不断的发展中，社会功能也是不断发展变化的观点，是得到普遍认可的。竞技武术的大力发展，实际上是响应时代召唤寻求武术发展突破口的一个重要反映。但是，即便这样做是有理有据的，也不能忽视中国民间传统武术文化历史悠久，内涵、功能丰富，群众基础深厚，其开发潜力同样不可小觑的现实。尤其是在进入现代社会之后，由于我国人口老龄化问题严重，在这样的社会背景下，民间传统武术文化更是迎来了不可多得的发展良机。

第七章 我国优秀传统体育文化传播与发展研究

竞技武术与民间传统武术分别扮演着不同的角色,其中,竞技武术是弘扬中国武术文化的先锋,而民间传统武术则是中华武术文化发展的坚强后盾。两者都将其自身的价值和功能充分发挥出来,促进中华武术文化的进一步传播与发展。要达到这一目的,就要求竞技武术文化要有所选择地继承民间传统武术文化中的一些优秀基因;反之,人们对中国民间传统武术的关注程度也会越来越高,并逐步领悟其深刻的历史文化内涵。

鉴于此,要将竞技武术文化和民族传统武术文化结合起来,以进一步充实和推动中华武术文化的传播和发展。

(四)武术管理机制与现代社会的发展不相适应

目前,我国武术管理机构主要有中国武术协会、武术研究院和国家体育总局武术运动管理中心,同时,各省市县也都成立了各自的分支机构。在中华武术文化的传播与发展过程中,这些武术管理机构所起到的作用是非常显著的。但是,事实证明,"管办一体"的管理体制与当前中华武术的传播与发展是不相适应的。

现代竞技武术套路往往是为了比赛而进行的专业训练,其在群众基础方面就较为薄弱,观看的群众非常少,而中华传统武术在国际上的发展却异常火爆。就目前的这一发展现状,就要求武术管理机制要做出适当的变革,建立与现代社会的发展相适应的市场经济管理体制,走武术职业化、产业化的道路,建立健全武术发展的各种法规政策制度,各种武术俱乐部实行产权明晰的现代企业制度,将经营者的主观能动性和积极性充分调动和发挥出来,从而将社会资本新的活力充分展现出来。

(五)竞争力较弱,难以有效应对其他运动项目文化的冲击

在现代社会中,尽管人们对健康、对运动健身的认识越来越深入,相关的意识也越来越强,但是,从严格意义上来说,中华武术文化产品为非生活必需品的属性,这也就决定了其需求弹性是普遍较大的;同时,中华武术文化产品并不是不可替代的,且有较多的可替代选择。这些问题都在一定程度上反映出了中华武术文化所面临的问题,这些问题,某种意义上是文化市场中其他运动项目文化之间激烈竞争的结果,因此,

为了保证中华武术文化的发展空间,必须采取相应的有效措施。

当前,中华武术文化的相关宣传、推广力度是非常小的,这与其预期的发展状况是非常不相符的,同时,也使中华武术文化的竞争力大大削弱,与其他流行运动项目的竞争力降低,也很难抵制住国外技击术的冲击。比如,跆拳道文化在中国的大肆发展,不仅与其文化时尚的特点有关,还与跆拳道组织的精细化严密管理和其有效的公关策略有着非常密切的关系。①

三、中华武术文化传播与发展的应对措施

通过对中华武术文化传播与发展制约因素的分析,也为了能够对其进一步的传播与发展起到积极的促进作用,我们可以从以下几个方面着手,来积极应对发展中遇到的各种问题。

(一)制定合理发展规划,充分激发武术文化活力

中华武术文化是社会发展的重要内容之一,因此,其传播与发展是在一定社会环境中进行的,这就要求必须与现代社会的发展需求相适应,同时,也不能忽略了自身演进的客观规律,然后综合各方面依据,来制定出合理的发展规划。

在制定中华武术文化发展规划时,要对其他项目文化的发展经验进行借鉴,这是不可少的,但切忌生搬硬套。必须从自身出发,与自身的实际情况相结合,积极创新,才能将合理的发展规划制定出来,也才能为中华武术文化设计出符合其实际情况的合理发展模式,为中国传统武术文化的传承与发展找到真正的出路。

中华武术文化博大精深,其拳种、门派的多样性,以及"拳风"的各具特色,能够为不同人群的不同需求提供满足,因此,这就要求一定要以各拳种武术竞赛作用为依据,来制定与之相适应的发展规划,大力弘扬传统武术文化,激发传统武术文化的现代活力。

除此之外,在制定发展规划时,各种武术组织建设也不能忽视,同

---

① 王会宗.新时代中国传统武术文化的传承与发展——基于传统武术文化契合时代发展需求的视角[J].临沂大学学报,2020,42(06):54-60.

第七章 我国优秀传统体育文化传播与发展研究

时,还要做好武术段位制的推广工作;还要做好中华武术文化传播内容的选择与确定工作,遵循因地制宜、因人而异的原则,积极组织开展武术知识讲座,从而将中华武术文化的现代魅力充分发挥出来,使越来越多的人能够对中华武术的功效有所体会,进而充分享受学习武术所带来的愉悦。

(二)要对中华武术育体功能向文化传承的转向加以关注

中华武术本身作为一项民族传统体育项目,技术动作是其关注的重点所在。而随着中华武术文化的不断推进,文化教育所占的比重越来越大,并且逐渐取代了其在技术动作方面的关注度,由此可见,这不仅是文化教育观念的转向,更是中华武术文化传播与发展的现实需要。

武术教育不仅起到强身健体、文化育人的作用,其还能够在无形中起到熏陶学生武术文化的功能,从而在潜移默化中影响武术的文化传承。[①]

武术文化传播的开展是一定要以武术技能传授为基础才能实现的,要想将武术文化与武术精神融合起来,就要形成武术文化传播新业态,并且借助这一形式来将其传授于学生,使学生能得到全面发展,同时,创新和转化身体认知为目标的传统教学方法也至关重要。

(三)树立武术品牌意识,挖掘武术文化软实力

在当今社会,不管是企业还是国家,其要想发展,就必须具备良好的竞争力,而品牌则是其中最为重要的价值体现。某种意义上,品牌的最根本价值就在于通过公众的亲身经历和直接体验,让公众能够对品牌独一无二的特点与个性有所记忆、识别、肯定,进而提高受众的忠诚度。这里要强调的是,所谓的品牌,严格意义上是指那些具有独特实质内涵、被消费者充分信任和认可的产品。武术也是如此。

中华武术文化要得到良好的传播与发展,武术文化品牌意识的培养与建立是至关重要且不可或缺的,同时,还要通过有效深入挖掘武术文

---

① 刘冠启,石玉雪.体育强国视阈下高校武术文化传承与发展研究[J].武术研究,2021,6(02):27-29.

化软实力，精心打造传统武术文化品牌，让更多的人对中华武术文化的独特魅力有所体会和感受，让中华武术文化中蕴含的中华民族古朴的独特气质得以深入人心，从而使越来越多的人接受并自觉传播中华武术文化。

（四）开发"互联网＋武术"推广模式，走武术文化传播的信息化道路

当前，对活动的推广，已经成为传播和发展事物的重要手段，这同样适用于文化的传播与发展。通过推广活动的开展，来积极引导公众，促使其对文化有一定的理解和认识，同时，也将文化的良好形象塑造出来，某种程度上，也可以将其理解成是为文化的生存和发展创造良好的内部条件和外部环境。

对于包含中华武术文化在内的所有文化的传播与发展，都是需要一定的推广活动来进行的，可以说，这是一个必要条件，与此，能够将推广活动引导舆论、沟通内外、协调关系的公关功能充分发挥出来，为中华武术文化的生存和发展营造良好的生态环境。

在当今这个迅速发展的信息社会，互联网已经成为人们日常生活中的一个重要方面，不仅如此，其还在人们的其他娱乐、学习、工作中有着非常重要的参与性。互联网能够给人们带来的东西有很多，比如，其是有效获取最大的信息传递量、获取信息最快的沟通交流方式。

在当今社会，中华武术文化要进行传播与发展，也不能因循守旧，而要做到与时俱进、顺势而为，在信息化发展的推动下，将互联网的功能充分利用起来，以有效开辟传递武术信息的新阵地，开发"互联网＋武术"的创新模式。除此之外，各种网络平台在宣传推广武术文化方面也有着非常重要的作用，以此来使武术信息资源得以被大众共享，从而对中华武术文化的深度传播与可持续发展创造有利条件。

（五）加强人才队伍建设，加快推进"武术进校园"工程

中华武术文化的传播与发展离不开专业人才的推动，因此，中华武术文化资源有效配置和利用的核心就是人才，其会对中华武术文化创新发展的成败产生至关重要的影响。因此，这就要求一定要做好武术人

才队伍建设工作,从而推动中华武术文化的传播与发展,而要做到这一点,加强武术人才队伍建设是必不可少的重要举措。

学校本身就是知识和技能传授的重要基地,对于中华武术文化的传播与发展来说,校园也是关键领地,通过学校中武术教育活动的开展,来有效传承和发展武术文化。武术进入校园,是体育教育发展的一个重要发展方向,而进一步推动这一进程的发展,对于学生增强自身体质,并且进一步深刻理解中华武术文化的独特魅力和广博内涵都是非常有帮助的,某种意义上,这也为中华武术文化的传播与发展奠定了人才基础。除此之外,在校园中发展和传播武术,对于学生接受中华优秀传统文化的熏陶,从而满足其高层次的精神文化需求也是非常有意义的。

中华武术作为中国优秀传统文化的重要组成部分,其功能具有多元化的特点,在"体育""德育"等方面都有充分的体现。

(1)从中华武术文化教育形式上来说,要对传统的武术课教学形式加以调整和改变,在校园武术教学中进一步将中华武术文化与民族精神文化的传播凸显出来。

(2)在武术的打与练中,将中华武术文化的教育功能更加突出地体现出来,比如,可以适当实行段位制考核。

(3)要对原有的教学手段进行强化,增强武术教学中文化育人的功能。①

(4)要增加学生在中华武术动作发展历史渊源方面的了解和解读,加大学生在中华传统武术文化方面的宣传力度,强化中华武术的武德教育,提高文化道德品质,落实"立德树人"的教育方针。

(六)探寻对外发展途径,实施"走出去"战略

中华文化博大精深、源远流长,无不体现出中华民族非凡的智慧与神韵,如今,它正以其独特的魅力逐渐得到了全世界的认可和接受。当前,中华民族传统文化已经吸引到了世界范围内各个国家有识之士来学习和研究,这对于中华民族传统文化的进一步传播与发展是非常有利的。

---

① 刘冠启,石玉雪.体育强国视阈下高校武术文化传承与发展研究[J].武术研究,2021,6(02):27-29.

中华武术具备能够让学习者通过亲自体验获得良好切身感受的特有优势,其在国际上的口碑是非常好的。在中华优秀传统文化大繁荣的浪潮之下,作为中华优秀传统文化杰出代表的中华武术文化,应抓住机遇,积极"走出去",拓展海外市场,扩大自己的发展空间。

中华武术文化的对外教育活动,不仅要进行针对性的开展,还要与同中国武术相关的中医药文化等其他中华优秀传统文化教育活动相结合,在更大程度上激发学习者研习传统武术文化的兴趣,这对于中华武术文化乃至中华优秀传统文化的海外传播与发展也是非常有利的。[①]

第二节 太极拳文化的传播与发展

太极拳文化是中华传统体育文化中的重点内容,具有代表性地位。太极文化不仅在国内广泛传播,甚至在海外也拥有可观的拥护者和爱好者。本节将对太极拳在国际化传播过程中的呈现状态、主要问题以及今后进一步加强传播的策略等方面展开分析。

一、太极拳国际化传播与发展的基本状况

早在封建社会时期,太极拳就已经产生了,因此,这也就决定了太极拳会受到封建社会制度的影响,这也是太极拳在产生之后很长一段时间内仅仅是在国内传播,并没有登上国际舞台的一个重要原因。

到了清朝末年民国初期,我国在社会形态上发生了改变,近代社会逐渐取代了传统封建社会,这样的社会发展形势,为太极拳进一步的传播创造了有利条件,从而进一步促使太极拳逐渐走出中国,走向世界,并在全球范围内得到有效发展。

太极拳走向国际之后,在多重努力下,太极拳的全球化持续发展势头良好,与此同时,近代中国体育开始出现萌芽,太极拳在全球得以快

---

① 王会宗.新时代中国传统武术文化的传承与发展——基于传统武术文化契合时代发展需求的视角[J].临沂大学学报,2020,42(06):54-60.

第七章　我国优秀传统体育文化传播与发展研究

速传播与发展,尤其是在东西方文化交流与碰撞、交融与磨合中持续发展。这种社会发展形式,为太极拳的全球化发展提供了强大的助推力,从而使其成为中国近代民间传统武术向现代体育化转型的重要代表。太极拳作为我国的民族传统体育文化代表,其对西方现代文化并没有显著的排斥,其在一定程度上是有所接受的,并且也一定程度上接受了西方现代体育文化的挑战与冲击,也为其日后更为广泛的发展奠定了基础。

目前,太极拳是中国民族传统体育中开展得较普遍、在全球流传较广,认可度较高的运动项目。①

二、太极拳文化传播的优势

在武术众多拳种流派的传播与发展中,太极拳脱颖而出,自然有规律可循,总结太极拳文化传播与发展的成功经验与规律,能够给其他拳种流派的传播和发展带来积极的启示。

(一)动作柔和,运动方式独特,健身功能突出

柔韧是太极拳动作的主要特点,太极拳锻炼以慢练为主,与西方体育项目完全不同。可以说,太极拳的生命力是依靠独特的健身方式与良好的健身效果而存在的。太极拳家杨露蝉在京城传授拳法时,考虑到清朝达官显贵的特殊体质和保健需要,将陈氏老架中的难度动作如发劲、跳跃等进行了修改或直接删除,对更适合达官贵族健身的"绵拳"套路进行了创编,很快便在京城流行开来。现代社会中,人们的健身需求很强,太极拳以其柔和缓慢的运动方式与突出的健身效果而受到中老年人的青睐。

(二)文化内涵丰富,以文化促进传播和发展

太极拳的传播与发展与其独特的文化性——"无极而太极、太极生

---

① 侯欣欣.中国传统文化太极拳的国际化传播及发展战略[D].开封:河南大学,2015.

两仪"有关。

首先,"太极"两字就反映了中国哲学文化。

其次,中国传统哲学的基本思想从太极拳技术的刚柔、虚实、进退等要求中就能够体现出来。

最后,太极拳技术包含气功、导引、养生等内容。

综上,人们学练太极拳,就是在解读中国传统文化。调查发现,国外许多武术爱好者是为了了解中国传统文化而习练太极拳的。

(三)理论研究多,推动了传播的社会广泛度

太极拳理论传播与太极拳技术传播相比而言有更大的广度。在武术拳种流派的理论研究中,研究最为丰富的莫过于太极拳。太极拳研究的理论著述成功对太极拳的广泛传播和发展具有重要的推动作用。而且,太极拳理论研究的经典论著(如《太极拳谱》《陈氏太极拳图说》等)更是极大地促进了太极拳文化的传播与发展。

(四)理论成熟,"理论传播"效果好

由于太极拳的发展是以经典理论为出发点的,不论是太极拳的哪个流派,都拥有一致的理论依托和技理、技法。正因如此,各流派的太极拳才形成了相同的技术特点,如轻灵、柔和、缓慢等,这些更容易被人们接受。即使人们无法深入理解太极拳,也可以根据动作特点来对其进行判断。这与竞技武术传播相似,竞技武术的传播也与理论传播相似。全国各地的竞技武术虽然动作、风格等是一致的,但又有区别。理论传播能够促进太极拳本身的传播与发展,要将理论传播的作用充分发挥出来,首先要加强对太极拳文化的理论研究,不能只注重太极拳技术而忽视理论,否则对太极拳的发展极为不利。

(五)流派众多,风格各异,适应性很强

太极拳有众多流派,各流派风格独特且显著,能够与不同的社会需求相适应。从传播学视角来看,太极拳流派也是太极拳传播的重要内容,流派的扩大化对传播对象的增加必然有利。目前。除陈、杨、吴、孙、

武等太极拳流派得到了国家认定外,社会上还广泛流传着赵堡太极拳及由其繁衍的和氏太极拳。不同流派太极拳的风格、技术要求各有不同,所以就会产生不同的练习效果。太极拳技术内容的这种多样化特征,可以满足不同太极拳爱好者的需求。

由于太极拳派别众多,因此各流派之间产生了竞争,在这一基础上,太极拳的影响不断扩大。因此,太极拳之所以成功传播,与其众多的流派有直接的关系。需要注意的是,在太极拳文化走向竞技化发展之路时,在标准统一的情况下,应将各流派太极拳的多样性保留下来。

三、太极拳文化传播与发展过程中存在的问题

当前,太极拳在传播与发展过程中仍然存在着一些问题制约着其传播与发展成效,主要表现为以下几点。

(一)语言差异

传播离不开语言这一重要方式和纽带,对于太极拳的传播与发展来说,传播者与传播对象之间的沟通和交流也是必不可少的,因此,语言在这一过程中至关重要。

太极拳已经在全球范围内开始推广、普及和发展,要进一步推动其全球化的发展,必须借助于有效的沟通,可以说,这是一条解决太极拳全球推广的有效路径,但是实际上,语言方面的差异性限制甚至阻碍了太极拳在全球范围内的传播与发展。某种意义上,可以将太极拳的传播与发展理解为,传播者借助于语言这一形式来向受众讲解和阐述的一个过程。尽管我国的太极拳传播者在专项技术方面是非常过硬的,但是,在基本的语言交流和沟通能力方面却是比较欠缺的。因此,这就要求太极拳传播者致力于各国语言的学习和掌握,从而为太极拳的传播、宣传与推广创造更加有利的条件,推动其全球化发展。

(二)国内外文化差异

我国的文化形态各异,文化所包含的内容也丰富多彩,太极拳文化作为我国的传统文化,其对于不同的个体来说,吸引力是不同的,这

主要取决于不同个体在认知习惯、思维方式、行为、价值观等方面的差异性。

发展至今,关于太极拳文化及其发展历程,仍然有很多人知之甚少,甚至根本不了解。可以说,文化差异性的存在,是太极拳相关的文化和理论没有得到全世界公认的一个重要原因,这也是太极拳在全球范围内传播与发展受阻的一个重要原因。

对于太极拳文化的爱好者与学习者来说,在接受的教育方式和程度方面都存在着一定的差异性,这就决定了其对所传播过来的太极拳文化的看法与认识也是不同的。从而,其传统态度和认识的影响也会进一步对中国太极拳的有效传播造成一定影响。因此,这就要求太极拳的传播者在教学之前应认真了解他国的文化,灵活将两国文化融合起来,让学习者更容易接受。

(三)组织宣传机构不够系统,资金支持无法得到保证

要想使太极拳得到有效的传播与发展,单单依靠某个个体的努力,是不可能实现的,必须建立完善的太极拳组织机构,并且借助于组织机构的职能来进行太极拳的推广和传播,如此所取得的推广与传播效果要好很多。由此可见,创建良好稳定组织环境在促使太极拳加快国际推广方面是处于关键性地位的。

发展至今,一些国家对于太极拳组织方面的体育管理部门还持观望态度,没有明确承认,这也反映出了太极拳的影响力还不够大,在专项职能部门的建设方面无法获得足够的支持与关注,不管是经费还是政策方面,都较为欠缺,这些都对太极拳的传播与发展造成了一定的制约作用。

(四)重技术轻文化现象严重

当前,太极拳运动已经走向了国际,但是,进一步调查研究发现,人们通常所学的都是太极拳法,仅限于太极拳的运动技术,尽管太极拳是一项运动,但是,其不仅仅只具有技术动作,还有着自身独特的历史和文化,然而太极拳在传播与发展过程中,将其拳法技术作为重点,却忽视了太极拳的文化和内涵,这就形成了重"形式"轻"意义"、重"技术"

第七章 我国优秀传统体育文化传播与发展研究

轻"文化"的严重情况。这就会使太极拳失去其自身显著的生命力。这种重技术轻文化的现象对太极拳更加广泛的传播与发展造成了制约作用。

（五）师资力量有待提升

太极拳文化本身就是我国民族传统文化的重要组成部分之一，现今社会学习的人越来越少，这对于太极拳的传播和延续发展是产生消极阻碍作用的，太极拳的教练更是稀缺，教练的综合素质发展不平衡，文化素质还有待提高，这也一定程度上制约了太极拳文化的传播与发展。

目前，太极拳教学团队中有一部分是技术水平比较高的专业教练，但是，大部分技术水平较低，来源主要是民间的非专业人员，他们从事太极拳教学的目的是解决生活问题，而并不是推广和传播太极拳，因此，他们在专业素养上并没有更高一层的追求，这也使得他们与专业教练标准之间始终存在着一定的距离。尽管我国也会对专业太极拳教练进行培养和培训，但是，在教学过程中，囿于语言问题，无法对太极拳进行精确讲解，导致不能很好地授课，所取得的教学效果也并不理想。[①]可以说，高水平教师的缺乏，使得太极拳在世界范围内的蔓延速度降低，这对于其在全球范围内的传播与发展是不利的。

四、太极拳文化传播与发展的有效策略

针对太极拳传播与发展的现状以及这一过程中所存在的问题，可以采取以下策略来加以应对。

（一）大力挖掘并开发太极拳文化

太极拳本身，作为中华民族传统体育的典型代表，其在文化内涵方面较为丰富和深厚，这也是其真正魅力所在，但是，这并不是太极拳的全部，其还有更多的魅力和价值，这就是后人需要做的工作，即继续挖掘和开发太极拳文化。

---

① 肖小金.太极拳的国际传播路径研究.[D].武汉：武汉体育学院，2014.

太极拳要想得到进一步的传播与发展,推广必不可少,这就需要专业人才去操作,因此,掌握太极拳及一定医学知识的特殊太极拳人才就成为培养的重点。

(二)加强和完善太极拳项目的翻译工作

1. 太极文化项目术语的翻译亟待统一与规范

当前,国际上关于太极拳专业术语的翻译还没有形成统一标准。这就为那些渴望了解太极文化的外国太极拳爱好者增加了学习的难度,也为太极拳在全球范围内的传播与发展制造了麻烦。因此,加强太极拳术语的翻译工作非常重要且有必要。可以组织国内外的相关专家学者,对太极拳术语的翻译工作进行深入细致的探讨,争取尽快实现这方面的统一,赋予其规范性和权威性。

同时,还要注重专业术语译文的标准化问题。要尽可能避免那些只有我国人民才能看得懂的翻译版本,有效减少太极拳全球传播工作中的阻碍,使太极拳专业术语译本的准确化程度有所提升。

2. 出版权威的太极拳外文书籍

作为民族传统体育的太极拳,要想在国际上得到更好的传播与发展,还需要借助出版权威的太极拳书籍这一路径。

我国太极拳的全球化发展,某种意义上也会受到相关术语、书籍翻译工作的影响。因此,这就需要首先选择一些国内知名度高、影响力大的太极拳书籍进行翻译,然后将其输送到国外,达到有效弥补国外太极拳书籍市场欠缺的问题。除此之外,还要针对国外受众的具体情况,准确把控并掌握他们使用印刷媒介的动机,出版相应的外文读物,从而使国外受众能够借此途径,对我国的太极拳及其文化有更加深入的了解与认识。

除此之外,还要有计划地翻译太极拳相关书籍、影像资料。在翻译工作中,要注意做到由浅入深、由简到繁的传播与发展所产生的效果才可能是理想的。

（三）有效提升传播者的综合素养

传播者在所有的文化传播与发展过程中都是重要的参与者与实施者，是不可或缺的重要环节，这在太极拳文化的传播与发展过程中也是如此。一个传播者能力和素质的高低会对文化传播的质量产生直接影响。

东西方文化差异巨大，决定了太极拳要想在全球范围内得到传播和发展，就要求其传播者必须具有非常高的综合素养，具体包括：熟练的太极拳拳法套路；良好的跨文化交际能力；熟练的外语应用水平等。尤其是外语水平，其在很大程度上决定了太极拳文化的国际化传播与发展。

（四）明确传播对象定位及专业人才培养

在太极拳传播与发展过程中，一定要明确太极拳传播对象的定位。所有阶层的民众群体都是太极拳的学习者。太极拳的全球化传播与发展过程中，一定要高度重视太极拳的社会传播，这是最重要的。要想使太极拳在全球范围内得到广泛的传播与发展，必须走群众路线，即将普通民众作为传播对象。因此，这就要求一定要将广大的人民群众作为培养对象，以此来有效扩大太极拳的受众群体，从而推动太极拳文化的推广和宣传工作的开展，有效提升其在各个国家和社会上的影响力。

除此之外，还要做好专业太极拳教师的培训工作，为其从事海外教学活动做好准备。

（五）提升传播内容的规范性

传播和发展太极拳，对其传播内容也有着较高要求，但是，有一点要强调的是，其传播内容并不是统一固定的，而是因人而异、区别对待的。

通常情况下，太极拳的传播内容在确定时，往往需要对受众的年龄、性别和所在地区进行充分考量，切忌一概而论，要求必须严格遵循因人而异、因材施教的原则，否则，太极拳在全球范围内的传播与发展道路要想越走越远、越走越广是非常困难的。

（六）积极拓展太极拳的媒体传播渠道

关于太极拳的媒体传播渠道，认识较为浅显且狭窄，这里主要从以下两个方面入手来加以阐述。

1. 建立太极拳项目国际化传播网络

尽管当前全球范围内太极拳相关的传播机构已经形成了一定的规模，数量上有所保证，但是，它们的分布形态是较为分散的，在统一组织方面也较为欠缺，因此，建立类似国际太极拳联盟的组织，建立国际性的传播网络是非常重要且必要的。

2. 加强国外大众媒体对太极拳的信息传播

首先，要将书籍、电影、电视等传统意义上的媒体以及表演活动等方式和途径充分利用起来，然后借助于网络路径，积极开辟太极拳阵地，让太极拳能够在全球范围内得到广泛的传播与发展。

通常来说，太极拳在全球范围内的推广与发展过程中，所借助的传播渠道主要有：面授、印刷品、音像制品和电子。[1]

第三节　舞龙、舞狮文化的传播与发展

舞龙、舞狮文化在我国有着悠久的传统，至今仍具有极为广泛的影响力，无论大江南北，在每年的重大节庆日期，都有舞龙、舞狮节目，甚至在海外也是一项颇具中华民族特色的传统活动，在许多国家的中国城，新年或者元宵节都会有规模不同的舞龙、舞狮活动，吸引了大量海外华人以及外国友人的热情参与。本节将主要对舞龙、舞狮文化的国际

---

[1] 肖小金.太极拳的国际传播路径研究.[D].武汉：武汉体育学院，2014.

化传播进行分析。

一、舞龙舞狮文化传播与发展现状分析

舞龙舞狮作为民族传统体育运动项目,其在湘西、赣南等地区较为流行。发展至今,舞龙舞狮经过不断的传播与发展,已经成为特色鲜明的文化形态。但是,其现状并不理想。

目前,老龄化已经在大部分地区的舞龙舞狮人员方面有所体现,这已经是一个普遍现象了,这就导致了他们无法完成难度动作,甚至有些动作被遗忘,从而导致舞龙舞狮传承内容的完整性受到影响。

另外,受经济发展状况的影响,舞龙舞狮当地的群众,首要选择是外出打工以养家糊口,对于留下来继承和发展舞龙舞狮文化的少之又少,这也是很多地方传统文化失传的一个重要原因。

由于舞龙舞狮文化所处的特殊地理位置极其神秘,这也增强了其神秘感,从而成为吸引世界各地游客前来观光旅游的一个重要方面,为了生计不得不放弃舞龙舞狮而做其他的事来养家糊口。但是,学校在舞龙舞狮方面也没有做好其传播与发展的相应工作。舞龙舞狮文化就是在这样的环境中艰难生存的。

二、舞龙舞狮文化传播与发展过程中存在的问题

可以说,舞龙舞狮文化传播与发展的环境和条件是非常糟糕的,其在传播与发展过程中,还表现出了较为显著的一些问题,这些问题也制约着舞龙舞狮文化的传播与发展,亟须解决。

(一)缺乏创新意识

在舞龙舞狮文化的传播与发展过程中,面临着诸多问题,其中,创新意识的欠缺是最为明显的,在现代社会环境下,人们对艺术文化的传承和艺术文化的创新都是非常重视的,尤其是后者,但是,舞龙舞狮文化还主要停留在传统的艺术形式上,人们没有对其新的艺术内涵和形式进行创新和研究。

另外,这种文化形式在实际的传播与发展过程中呈现出了显著盲目性,在对艺术文化的创新方面较为欠缺,由此,便导致了其存在形式化和僵化的问题。

(二)缺乏制度政策的支持

在舞龙舞狮文化传播与发展过程中,其规模仍然与一些竞技体育项目有着较大的差距,群众基础也较为有限,通常只是在节日或者庆祝中来进行舞龙舞狮方面的表演,职业化的程度还不够。导致这一现状的一个重要原因,就是没有相应的国家制度政策来支持其传播与发展,从而导致其竞赛体制的缺失,国家在法律法规方面也没有做好有力的保障工作,这也对其职业化的发展产生了不利的影响,由于缺乏政府部门的宏观调控和正确引导,其艺术文化发展的过程中也受到各种因素的制约。

(三)产业链还不成熟

由于舞龙舞狮文化所处地区的经济发展往往都是欠发达的,这就从根本上制约了舞龙舞狮文化的发展,其产业链的成熟度也不理想,这种体育表演艺术文化主要在节日庆祝、祖先祭祀等活动中使用,学习的人也比较有限,表演的范围比较狭窄,人们主要抱着娱乐的心态进行观赏,民众参与的积极性不高,这些都对舞龙舞狮文化的传播与发展造成了不利的影响,同时这种艺术文化并没有充分涉及商业表演、服务行业以及竞技赛事,这也导致了其产业链的单一,人们对它的关注度不高,也不利于其传承和发展。①

三、舞龙舞狮文化传播与发展的有效路径

(一)丰富和拓展传播与发展方式

随着社会的不断发展,广大群众的日常生活对精神追求越来越显

---

① 李华兰,刘正琼.赣南客家舞龙舞狮民俗体育表演文化传承发展研究[J].中外企业家,2018(23):232.

著,民族传统体育项目传统的传播方式已经无法使人们的需要得到有效满足了,这与现代社会日新月异的发展也不相适应,丰富自身的套路内容以及传播方式多样化是舞龙舞狮长期生存的必备条件。具体来说,在舞龙舞狮文化的传播与发展过程中,所用到的方式应该由单一化逐渐向多元化转变。

(1)通过开发和创新,形成具有特色的本地舞龙舞狮文化。具体来说,就是通过不断地创新、扩大训练规模等方式,将舞龙舞狮的产业价值尽可能地挖掘和开发出来,同时,大力推进舞龙舞狮文化对区域民族文化的影响,积极拓展龙狮文化的普及和发展,打造具有影响力的品牌队伍,为舞龙舞狮文化的全球化发展创造有利条件。

(2)舞龙舞狮要在不断参加相关比赛的过程中得到传播和发展,这是非常重要的一条途径,从各队的舞龙舞狮技巧中获得更多的信息,使自己不断壮大发展。比如,节庆时的表演,由此能够有效促进交流,营造欢乐的节日气氛,体现舞龙舞狮的健身娱乐功能。

(二)加大舞龙舞狮文化的宣传力度

舞龙舞狮文化往往集中在一定的地区,这就赋予了该地区一定的研究价值。作为我国重要的非物质文化遗产,舞龙舞狮文化要想在全球范围内得到更好传播与发展,就需要人们能够对这种艺术文化的价值有更加全面且深入的了解与认识,加大其文化宣传的力度是有效措施之一,以此来有效促进人们对其文化的理解。

相关部门也可以从当地出发,来全面收集和整理现有舞龙舞狮资源,然后以其特点和内涵为依据来进行深入的分析和总结,可以采取活动的形式或者定点发放宣传手册等方式来大力宣传舞龙舞狮文化,由此有效提升人们对舞龙舞狮文化的了解和认识,并通过交流和展示,将人们参与舞龙舞狮的积极性充分调动起来,推动其良好发展。

(三)由民间活动向课堂教学迈进

通过相关调查发现,舞龙舞狮在一些地区已经越来越淡出了人们的视线。而且进行舞龙舞狮表演的通常也是年过古稀的老人或者妇女,表演动作极其简单,舞来舞去就是那几个动作,稍微有点难度的就无法进行。这也造成了表演质量低而没有技术含量,这也是为什么年轻人不愿意参与其中并传承这一传统文化的主要原因。

要想使舞龙舞狮得到科学、系统的传播与发展,走进校园是最好的选择,因为学校的学生纪律性强,可以有计划、有纪律、有组织、科学地去传播舞龙舞狮文化,还可以将那些体质比较好,符合舞龙舞狮运动需求,且对舞龙舞狮感兴趣的学生选出来,进行系统的教学和培训,使他们能够更好地掌握舞龙舞狮的基本动作。另外,高校学生的时间通常是比较充裕的,如果能够将舞龙舞狮设置成一门主修课,那么,这就为舞龙舞狮建立了一个非常好的人才培养基地,这对于舞龙舞狮文化传播与发展是有着非常重要的积极意义的。

(四)构建服务平台,发挥政府主导作用

在舞龙舞狮文化的传播与发展过程中,政府政策的支持是必不可少的重要条件,这也是其良好发展的必要保障,因此,这就需要健全政府支持机制,做好对其文化传承和发展的宏观调控。具体来说,可以从以下几个方面着手来进行。

1. 做好对濒危文化的立法保护工作

濒危传统文化是传统文化的重要组成部分,对其保护工作至关重要。这就需要通过立法的形式来达到保护濒危传统文化的目的,这与我国依法治国的号召是相适应的,也使舞龙舞狮文化的保护做到有章可循、有法可依。[1]当前,对于非物质文化遗产的保护法还不够健全。因此,这就要求相关政府部门应加大对包含舞龙舞狮文化在内的非物质文化遗产的保护法加大研究力度,加紧立法。

2. 要进一步保护文化传承人

舞龙舞狮文化等传统文化的传播与发展,离不开文化传承人的贡献,否则,文化的传播与发展就很难开展下去。文化传承人是传统文化

---

[1] 张泽文,张泽奇,乐宏辉,郭振华,白晋湘.湘西苗族舞龙舞狮的文化传承及发展路径研究[J].当代体育科技,2020,10(05):211-213.

第七章　我国优秀传统体育文化传播与发展研究

的载体,这对于舞龙舞狮文化也是如此。鉴于此,就需要采取相应的措施,建立一定量的文化服务中心,来为文化传承人传播与发展传统文化提供便利的平台和服务,以此来实现弘扬和发展包括舞龙舞狮文化在内的传统文化的目的。

3. 做好宣传工作

舞龙舞狮文化的传播与发展是需要进行必要宣传的,网络平台的宣传是主要途径之一,相关政府部门可以利用媒体、公众号、网络、微信、信息等网络平台进行宣传,发挥舆论的作用,来提高舞龙舞狮文化的曝光率和知名度,促进文化交流。

(五)引导产业化的发展

在舞龙舞狮文化的传播与发展过程中,不要将舞龙舞狮文化看作一个独立的个体,其需要与其他产业有机结合起来,实现一体化或者连带发展的模式,才能对其发展速度的提升起到积极的促进作用。同时,由于舞龙舞狮文化本身就具有一定的竞技性质,并且必须具备相关的器材和服饰等这些附属产品,因此,就可以将这些方面作为舞龙舞狮产业化发展的重要组成部分,如此一来,其经济市场的结构就得到了有效的完善。

除此之外,舞龙舞狮文化的产业化发展还可以与旅游产业相结合,旅游产业有着广泛的群众基础,将舞龙舞狮文化融入旅游产业中,就为舞龙舞狮文化的发展提供了良好的群众基础,在这样的情况下进行大力宣传,不仅能丰富旅游产业的形式和内涵,还能实现舞龙舞狮文化与其两者的共同发展。[①]

[①] 李华兰,刘正琼.赣南客家舞龙舞狮民俗体育表演文化传承发展研究[J].中外企业家,2018(23):232.

第四节　健身气功文化的传播与发展

健身气功在我国具有悠久的历史,并且在民间拥有深厚的群众基础,在我国许多地区都有一些人常年坚持练习八段锦、五禽戏等用于健身养生,因此在民间有或多或少的自发传播行为。本节将对健身气功文化的国际化传播展开研究。

一、健身气功传播与推广的策略

健身气功在我国有着非常悠久的历史,在民间也具有非常广泛的影响力,并且,以健身气功为核心,还发展出很多其他形式的健身休闲活动,丰富着我国大众的日常生活。不过,尽管健身气功在国内具有深厚的根基,然而在国际化传播方面一直做得不够充分。

健身气功作为一类独特的锻炼方法,不仅能增强人体的生理功能,而且在调节心情缓解精神焦虑、压力、抑郁等方面都具有明显的效果。随着传播媒介的不断发展,健身气功在民间的传播一直都有很好的效果。甚至有越来越多的年轻人开始将八段锦、五禽戏作为日常锻炼的内容。这一趋势非常有利于健身气功的国际化传播。因为,年轻人喜欢分享,尤其是喜欢在短视频平台分享自己习练的过程和效果,比如在抖音、小红书以及国外的视频平台 YouTube 上,都有大量的中国年轻人习八段锦的视频,从而为健身气功的国际化传播起到积极的推动作用。这起到了很好的抛砖引玉的作用,开拓了对健身气功进行海外传播的新思路,具体体现为以下几个方面。

（一）以市场经济为媒介

健身气功的根源一直在民间,正是广大的人民群众对健身气功有切

第七章　我国优秀传统体育文化传播与发展研究

身的体会,所以才会使这些宝贵的传统体育形式一直在民间流传。因此,尽管在以往一提到国际化传播似乎都是以政府主导的行为,但实际上,健身气功真正的传播动力来自民间大众。尤其是在当前市场经济较为成熟的阶段,再加上我国发达的自媒体环境,这些都是传播传统体育文化的重要条件。

在全球化的背景下,世界各国之间的交流往来越来越密切和频繁,人们对跨文化的信息也分外感兴趣。而健身气功由于动作较为简单,能够被绝大多数人群所接受。因此,在市场经济的推动下,经济全球化将原本只属于一个地区的传统文化也带到世界各地,其中传统体育文化又是最为突出的一种。另外,由于健身气功具有良好的群众基础,而且还具有较好的传播性、易练性,只要加以科学的管理和设计,还可以产生喜人的经济效益,这是未来建设气功国际化传播的一个重要策略。

(二)增设健身气功站点

在广泛推广健身气功项目的过程中,应重视起气功站点的作用,并加强投入与建设健身气功站点的工作力度,使其发挥出应有的价值和作用。健身气功有其自身特有的文化特点和内在意涵,需要通过专门的传授与讲解才能真正掌握其核心文化精髓。因此,要想做到有效传播,必须通过专门的站点进行传播,那么对应的就是多多增设健身气功的文化站点,加强对大众进行正宗的气功文化传播。

同样的,在进行国际推广与传播工作中,也要建立专门的健身气功站点,并以站点为中心,有计划、有步骤地向四周辐射,以一种以点带线、以线带面的形式逐渐传播开来。在这方面,其实可以借鉴跆拳道的成功经验,跆拳道在向国外推广时,其主要手段与措施就是道馆式教学。跆拳道馆实际上作为跆拳道传播基地,将跆拳道的技艺、精神与文化传播到世界各地。通过道馆教学的模式,使跆拳道被世界广泛地接受。

因此,健身气功在国际化传播的过程中,应该大胆地借鉴以往的成功案例,通过在世界各地建立气功场馆,来将健身气功的精神、文化和习练技艺依次播出去。

（三）组织健身气功宣传表演活动

对传统体育文化的传播，一般最常见的方式，就是组织相应的宣传表演活动。通过利用大型节日庆典的机会，组织大型的传统体育项目的表演，尤其是健身气功类这种具有较强表演特质的传统体育活动，能够起到很好的吸引受众的效果。实际上，中国气功在海外已经具有一定的影响力，但是更多的是对气功的好奇，对中国功夫的一种很模糊、很朦胧的认识。通过表演活动，可以直接将最真实的中国气功展现在外国友人的面前，破除不合实际的幻想，感受真正的中国传统文化的魅力。

（四）充分利用互联网的传播优势

现代社会，互联网的迅速发展为传播带来了飞跃式的进步，这对于传统体育活动和传统体育文化的传播都创造了极大的便利条件。因此，应充分利用互联网的传播优势，通过网络，将健身气功的文化、历史、习练方法和各种典籍故事，分享给世界各地对中国文化感兴趣的朋友，让健身气功在世界其他角落也能发挥其价值，为各国人民的健身活动、日常生活和社交活动增加一股来自东方的神秘色彩。

（五）开展国际培训

在一定的宣传推广基础上，还可以开展国际化的教学与培训，聘请我国优秀的健身气功界的教练或者专家，针对健身气功的国际推广，组织一些符合国外民众的培训课程，从而让健身气功更加规范化地得到传播。

在开设国际培训机构的工作中，要注意根据不同目的地国家特有的文化和风俗，选择与之相适宜的健身气功内容进行教学，才能发挥最佳作用。

同时，随之举办一些竞赛活动，刺激民间参加健身气功的热情和积极性，从而促进健身气功在海外的传播。

二、加强对"一带一路"沿线国家的传播力度

"一带一路"是习近平总书记于 2013 年提出的合作倡仪。在这一时期,中国和"一带一路"沿线国家将展开紧密的合作,而此时进行中国传统体育活动及其文化的国际化传播,将是其中一个重要的组成部分。

（一）承担起文化传播者的责任

作为东方文明的发源地之一,中华民族的古老智慧与文明积淀对周边国家以及各界各国有着深厚的影响。在当前国家"一带一路"的倡仪下,加强对传统体育文化,特别是健身气功这些非常具有普世性的传统文化的传播,将会收到明显的效果。

中国作为"一带一路"的倡导者,也将成为文化的传播者,这对我国未来的强国战略具有决定性意义。而健身气功作为适合普通大众的健身锻炼文化,是最合适不过的内容,也必然会为国家的整体发展带来积极影响。

（二）对健身气功内容的正本清源

中国传统健身气功功法的代表有八段锦、五禽戏、六字诀及易筋经,这些古老的健身运动在中国甚至一些周边国家都有着深远的历史,而作为这一传统文化的发源地,中国有责任向世界传播正宗的文化,不仅包括习练方式,还有其背后的哲学思想和文化内涵,这些信息也就是未来传统体育文化传播的重点内容。

（三）拓展建设传播媒介

结合"一带一路"沿线国家与我国地域相连的特点情况,可以派遣专门的讲师到相关国家进行文化传播,同时加强对传播媒介的建设。比如,在政府间文化交流合作的政策支持下,可以与"一带一路"沿线国家的高校进行合作,由我国资深的健身气功传承人在他国高校开设文化沙龙与讲座,或者在中国文化课程中,增设相关的内容,比如在他国的体

育课程中,增设一定的健身气功选修课、体验课等。这是以高校为核心展开的传播媒介的建设途径。

另外,还可以加强民间的传播媒介建设。比如分期分批地单独或合作翻译出版"一带一路"沿线国家语言的健身气功图书、音像和宣传品,拍摄相关的宣传片、纪录片等。借助当地大众娱乐媒体的资源,推广我国经典的健身气功文化中的杰出代表人物。另外,鼓励文艺工作者进行主题创作,将我国传统的健身气功文化拍摄成影视剧,对其他国家进行文化输出也是一条具有潜力的传播媒介。

(四)借助现有有利资源

在对现有的健身气功中心、华人武馆、华侨团体等机构进行传播的基础上,尤其要注重对"一带一路"沿线国家的在校生进行传播。文化传播不仅是简单的宣讲,它实际上是一个文化对另一个文化的融合,这要建立在对受众文化的充分研究、分析基础上。当然这需要一定的时间成本,那么与此同时还可以积极利用现有的资源,比如:

第一,在全球各地的孔子学院开设健身气功课程。利用孔子学院在当地已经形成的较为成熟的文化形象,带动健身气功文化的传播。

第二,邀请"一带一路"沿线国家的体育教师来到中国,到相关的体育院校进修健身气功课程,这些教师学成回国后在他们的祖国就成为传播健身气功的种子,通过当地人向当地人传播我国的健身气功文化,也是一种降低文化差异造成的传播障碍的有效途径。由熟悉本国文化的人传播来自中国的传统体育文化,可以降低"一带一路"沿线国家大众对异国文化的接受难度。

(五)加强对受众的分析

提高健身气功传播效果的关键在于让受众真正感受到健身气功对自己健康具有积极作用。我们知道,"一带一路"沿线上的国家大多数都是发展中国家,发展中国家的普遍特点是,人口基数大,国家的基础教育、医疗等建设是较为落后的,也就是说,这些国家的国民健康方面存在着较为明显的问题。而如果能抓住这一主要特点,也就找到了当地受众的特点,即大众的健康问题相对突出,促进健康发展是这些国家都要去关注的社会问题,但是由于国力有限,仅凭这些国家现有的医疗水平和教育水平不足以解决这一问题。那么,我国的健身气功由于本身就是流传于民间的一种十分有效的养生手段,因此,健身气功的有效传播实际上是可以解决"一带一路"沿线国家大众十分普遍的健康痛点。

总之,通过结合"一带一路"上各个国家的民族、信仰、民俗文化等特点,即对当地受众的深入了解,是有效传播我国健身气功的重要策略。

参考文献

[1] 赵元罡,陶坤.民族传统体育[M].北京:北京工业大学出版社,2020.

[2] 戴金明.全球化语境下民族传统体育文化传播与国家形象塑造研究[M].长春:东北师范大学出版社,2020.

[3] 张兴奇.民族传统体育文化的现代发展与传播研究[M].上海:上海交通大学出版社,2016.

[4] 杨乐桂.浅析高校民族传统体育发展困境与对策探析[J].文体用品与科技,2019(20):148-149.

[5] 董晋,苗苗.中国体育文化传播研究[M].北京:北京体育大学出版社,2017.

[6] 刘春燕,谭华.中华民族传统体育的兴盛、危机与复兴[M].北京:人民出版社,2016.

[7] 刘洋.体育非物质文化遗产保护的路径研究[M].北京:北京体育大学出版社,2015.

[8] 何伟.新媒体下的民族传统体育文化传播路径研究[D].荆州:长江大学,2019.

[9] 孙秋燕.民族传统体育学科体系的建构探讨[J].文体用品与科技,2019(06):72-73.

[10] 贾清兰,王晓飞.新时代民族传统体育学科建设模式与体系优化研究[J].贵州民族研究,2019,40(02):90-93.

[11] 郝亮,梁晋裕.民族传统体育学科建设理论与方法探析[J].运动,2015(13):80-81.

[12] 高俊兰,黄中伟.黑龙江省高校民族传统体育课程资源的开发与利用[J].体育世界(学术版),2019(01):81,90.

[13] 王会宗.新时代中国传统武术文化的传承与发展——基于传统

武术文化契合时代发展需求的视角[J].临沂大学学报,2020,42(06):54-60.

[14]刘冠启,石玉雪.体育强国视阈下高校武术文化传承与发展研究[J].武术研究,2021,6(02):27-29.

[15]侯欣欣.中国传统文化太极拳的国际化传播及发展战略[D].开封:河南大学,2015.

[16]张泽文,张泽奇,乐宏辉,郭振华,白晋湘.湘西苗族舞龙舞狮的文化传承及发展路径研究[J].当代体育科技,2020,10(05):211-213.

[17]李华兰,刘正琼.赣南客家舞龙舞狮民俗体育表演文化传承发展研究[J].中外企业家,2018(23):232.

[18]王文清.形意拳国际化发展对策研究[J].武术研究,2016,1(10).

[19]漆振光,张峰.武术散打国际化现状及其对策研究[J].搏击 武术科学,2006(04).

[20]钟晓满.中国体育国际传播:挑战与创新[D].成都:成都体育学院,2014.

[21]戚务迪.山东省传统体育文化对外传播现状的调查研究[D].曲阜:曲阜师范大学,2015.

[22]潘挺."一带一路"背景下民族传统体育养生文化对外传播途径的研究[D].长春:吉林体育学院,2019.

[23]杨柳.民族传统体育项目的国际化传播策略研究[D].武汉:武汉体育学院,2013.

[24]肖雪枫,宋彦,李青.基于文化强国背景下我国优秀民族传统体育文化校园传播路径研究[C]//中国体育科学学会武术与民族传统体育分会,全国普通高校中华优秀传统文化传承基地(武术),全国学校体育联盟(中华武术).保护·研究·传承——2021年中国体育非物质文化遗产国际会议书面交流论文集.[出版者不详],2021:2.

[25]殷鼎,杨建鹏.我国传统体育政策发展研究[J].体育文化导刊,2017(10):39-42,6.

[26]周惠新,欧玉珠,周圣文.中华民族传统体育跨文化传播助力人类命运共同体研究[J].浙江体育科学,2020,42(05):1-8.

[27] 贺春阳.人类命运共同体理念研究[J].今古文创,2021（13）:56-57.

[28] 蓝建卓.民族地区高校传统体育人才培养路径研究——基于《普通高等学校本科专业类教学质量国家标准》[J].河池学院学报,2020,40（04）:82-87.

[29] 丁保玉.新时期民族传统体育人才培养模式的构想[J].中国人才,2011（14）:265-266.

[30] 陈朋.体育产业背景下武术与民族传统体育专业人才培养"产学结合"的路径分析[D].上海:上海体育学院,2018.

[31] 田祖国,郭世彬.民族传统体育[M].长沙:湖南大学出版社,2018.

[32] 杨天舒.民族传统体育文化发展研究[M].北京:民主与建设出版社,2017.

[33] 汝安.民族传统体育文化发展的新视野[M].长春:吉林大学出版社,2015.

[34] 侍倩倩.江苏省体育"非遗"保护与传承研究[D].南京:南京体育学院,2019.

[35] 王俭民.互联网时代民族传统体育文化传播模式研究[J].体育科技,2020,41（05）:40-41,43.

[36] 赵进,陈芳丽.融媒体时代我国传统体育文化传播模式研究[J].吉林体育学院学报,2019,35（02）:1-5.